Romantik
Einführung

Für Elisa Josephine, die mir jeden Tag die Augen für Neues öffnet

Der Autor
Dr. Patrick Peters ist Berater für Unternehmenskommunikation und Professor für PR, Kommunikation und digitale Medien an der Allensbach Hochschule in Konstanz und publiziert regelmäßig zu literatur- und wirtschaftswissenschaftlichen Themen. Er lebt mit seiner Familie in Mönchengladbach. Bisher sind von ihm im Oldib Verlag erschienen: „Edda. Einführung" (2007), „Von Jerusalem nach Paris. Der Heilige Gral zwischen Mythos und Literatur" (2009) und „Männer aus dem Hain. Studien zur Männlichkeitskonstruktion in der Lyrik der Göttinger Hainbündler" (2014).

Patrick Peters

Romantik
Einführung

Oldib Verlag

Bibliografische Information der
Deutschen Nationalbibliothek
Die Deutsche Nationalbibliothek verzeichnet diese
Publikation in der Deutschen Nationalbibliografie;
detaillierte bibliografische Daten sind im Internet
über http://dnb.ddb.de abrufbar.

Oldib Verlag Oliver Bidlo, Waldeck 14, 45133 Essen
www.oldib-verlag.de, info@oldib-verlag.de
Druck: BoD GmbH, Norderstedt

ISBN 978-3-939556-83-1

Inhaltsverzeichnis

Vorwort.......7

I. Romantik: Eine Standort- und Begriffsbestimmung.......10

II. Eine kurze Theorie der Romantik.......21

III. Die Frühromantik.......27
III.I Novalis und die blaue Blume der Romantik.......33
III.I.1 *Heinrich von Ofterdingen*.......34
III.I.2 *Hymnen an die Nacht*.......42
III.II Die Brüder Schlegel: Die Theoretiker der Romantik.......47
III.III Ludwig Tieck und die frühen Jahre seiner Romantik.......50
III.III.1 *Die Freundschaft zu Wilhelm Heinrich Wackenroder*.......51
III.III.2 *William Lovell und Franz Sternbald*.......54
III.IV Zusammenfassung.......59

IV. Die Hochromantik.......60
IV.I Des Knaben Wunderhorn und die Entdeckung der Volksdichtung.......63
IV.II Achim von Arnim und Clemens Brentano: Anführer der Hochromantik.......68
IV.III Joseph von Eichendorff: Freiherr, Katholik, Meisterdichter.......78
IV.III.1 *Ahnung und Gegenwart*.......87
IV.III.2 *Aus dem Lebens eines Taugenichts*.......93
IV.IV Die Brüder Grimm und die Entdeckung des deutschen Märchens.......98
IV.V Zusammenfassung.......102

V. Die Spätromantik.......106
V.I Ludwig Uhland und die Schwäbische Dichterschule.......107
V.I.1 *Die Wiederentdeckung der mittelalterlichen Dichtung*.......112

V.I.2 *Die Schwäbische Dichterschule* 119
V.II E.T.A. Hoffmann: Realität vs. Fantasie 123
V.III Ludwig Tieck und die späte Novellistik: Das Ende der Romantik 131
V.IV Zusammenfassung 133

VI. Abschluss 135

VII. Bibliographie 140

Vorwort

Über die Romantik als literatur-, geistes- und kulturgeschichtliche Epoche ist im Verlaufe der Jahrzehnte, mittlerweile gar gut anderthalb Jahrhunderte, weidlich berichtet worden. Immerhin liegt der Beginn der Romantik an der Wende vom 18. zum 19. Jahrhundert und damit bereits gute 220 Jahre von uns entfernt. Wissenschaftler, Essayisten und Schriftsteller gleichermaßen haben sich um die Romantik als Zeitalter, als Hervorbringerin neuer Denkmuster, bemüht und oftmals verdient gemacht; die Literatur *über* die bzw. *zur* Romantik hat die Literatur *der* Romantik zahlenmäßig längst abgehängt und füllt Regalwände über Regalwände in Universitätsbibliotheken und hat es, nicht zuletzt durch geistreiche Beobachter wie Rüdiger Safranski oder jüngst Peter Neumann, auch in die Wohnzimmer und Bücherstuben breiterer Leserkreise geschafft.
Der Bedeutung und der Beliebtheit der Romantik bzw. des ‚romantischen Zeitalters' tut dieses keinen Abbruch. Ganz im Gegenteil: Die Epoche scheint beliebter als je zuvor, und es erscheinen beispielsweise reihenweise akademische Bibliografien romantischer Schriftsteller und anderer Künstler in Publikumsverlagen mit dem Anspruch, breit rezipiert zu werden. Literaturwissenschaft und Romantik scheinen marktgängig zu sein und gut zusammenzupassen (etwa Werke von Gerhard Schulz, Wolfgang Frühwald, Karl Heinz Bohrer). Und auch an der Front der literatur- bzw. kulturwissenschaftlichen Forschung lässt sich kaum erkennen, dass die Romantik an Wahrnehmung verliert.
Daher stellt sich völlig zu Recht die Frage, weshalb es mit *Romantik. Einführung* nun einen weiteren Band gibt, der sich mit dem Zeitalter der Romantik erfasst. Hat der Autor den Anspruch, alles anders, alles besser zu machen als die Verfasser vor ihm? Wohl kaum, das wäre anmaßend und nicht im Geringsten machbar. Hat er vielleicht völlig neue Ansätze und kann die bisherige Forschung damit breit und/oder tief ergänzen? Das auch nicht. Es ist das Konzept von *Romantik. Einführung*, durch das sich der Autor eine gewisse Wirkung und Wahrnehmung des Bändchens erhofft. Denn *Romantik. Einführung* soll und wird nicht einfach die x-te literatur- und kulturwissenschaftliche Ein-

führung in die Romantik – also grob gesagt die Zeit zwischen 1800 und 1830 –, sondern will eine Brücke aus der Vergangenheit in Gegenwart und Zukunft schlagen und versuchen, Denk- und Handlungsmuster der Romantik im Heute nachzuvollziehen, um dadurch eine Herleitung für bestimmte Trends und Bewegungen zu schaffen, die für uns ‚normal' sind, aber eben aus der Vergangenheit herrühren.
Das soll ‚Romantik' als epochales und epochemachendes Schlagwort greif- und nutzbarer machen und einen genuinen Mehrwert für die Leserinnen und Leser herstellen. Es ist nicht allein historisches und literaturwissenschaftliches Wissen, das an diesem Bändchen zählt; es ist eben auch der Versuch, mehr als 200 Jahre in der Vergangenheit liegende Strukturen so zu analysieren, dass deutlich wird, dass wir nicht alle Räder neu erfinden, sondern dass die Alten uns viel mehr beeinflussen, als uns das klar (und vielleicht lieb) ist. Denn es lassen sich aktuelle Verhaltensweise ganz konkret mit dem Blick auf die Romantik erklären – das alte Motto der sich wiederholenden Geschichte trifft es dabei voll ins Schwarze.
Etwas anders als bei vielen anderen Werken ist auch die Ausrichtung auf die potenzielle Leserschaft gestaltet. *Romantik. Einführung* verfolgt den Ansatz des „Prodesse et delectare" (lateinisch für „nützen und erfreuen") und begibt sich damit auf die Fährte der Aufklärung des 18. Jahrhunderts: Bücher sollen sowohl unterhaltend als auch belehrend für den Leser sein. Daher vergisst *Romantik. Einführung* nie die wissenschaftliche Basis, ist aber keine Einführung, für die man zuvor mindestens drei andere Einführungen gelesen haben muss; ebenso ist kein Fremdwörterbuch notwendig, die Sprache soll klar und verständlich sein.
Doch Obacht: Die Einführung soll sich neben dem an verständlicher Literatur- und Kulturgeschichtsschreibung interessierten Publikum explizit auch an Schülerinnen und Schüler und deren Lehrer sowie Studierende richten, die einen lesbaren, gut strukturierten Überblick über die Materie der Romantik suchen, der die akademische Herkunft nicht vergisst. Es ist der Wunsch des Autors, dass *Romantik. Einführung* vor allem in schulischen, aber auch in universitären Kontexten ergänzend zu etablierten Literaturgeschichten/Überblickswerken, speziellen Monografien und Interpretationshilfen genutzt wird, um einen etwas anderen Blick und Zugang zur Romantik, in Stil und Reichweite, zu

schaffen.
Dass *Romantik. Einführung* nicht den Genuss der Originaltexte ersetzen kann und will, muss eigentlich gar nicht betont werden; kein Sekundärwerk kann das. Joseph von Eichendorff und E.T.A. Hoffmann, Ludwig Tieck und Clemens Brentano, Ludwig Uhland und Novalis, Achim von Arnim und die Schwäbische Dichterschule: Wer könnte schon ernsthaft von sich behaupten, durch Nacherzählungen und/oder Interpretationen auch nur in die Nähe der Klasse und Ästhetik dieser Schriftsteller zu gelangen? Daher kann es sich lohnen, zumindest einige der im Folgenden genannten Werke wirklich zu lesen, ganz oder eben teilweise. Das erst wird den Blick für das ‚romantische Zeitalter' wirklich öffnen und führt den Leser hin zum großen Sehnsuchtsmotiv der Romantiker: der blauen Blume[1], die Joseph von Eichendorff in seinem traurig-schönen Gedicht *Die blaue Blume*[2] beschreibt.

Ich suche die blaue Blume, / Ich suche und finde sie nie, / Mir träumt, dass in der Blume / Mein gutes Glück mir blüh. // Ich wandre mit meiner Harfe / Durch Länder, Städt und Au'n, / Ob nirgends in der Runde / Die blaue Blume zu schaun. // Ich wandre schon seit lange, / Hab lang gehofft, vertraut, / Doch ach, noch nirgends hab ich / Die blaue Blum geschaut.

---

[1] Auch wenn die ‚blaue Blume' das herausragende Leitmotiv der Romantik ist, soll sie erst in Kapitel III besprochen werden, wenn es um den Dichter Novalis geht, der das Motiv eingeführt hat.
[2] Eichendorff, Joseph von: *Sämtliche Gedichte und Versepen.* Herausgegeben von Hartwig Schultz. Frankfurt am Main 2006, S. 334

I. Romantik: Eine Standort- und Begriffsbestimmung

Wer über ‚Romantik' sprechen möchte, muss so konsequent sein und sich fragen, was darunter eigentlich zu verstehen ist. Ist Romantik eine ‚Gesinnung'? Ist sie eine abgrenzbare literar- bzw. kulturgeschichtliche Epoche? Beruht die Romantik auf einer Art ‚inneren Verfassung' bzw. gibt es einen Auslöser? Ist Romantik gattungs-, geschlechts- und generationenübergreifend, eine Sache ‚für viele', ‚für alle' oder ‚für wenige'? Grenzt sie sich gegen andere Denkmuster ab oder ist sie ‚inklusiv'? Was will Romantik erreichen? Ist Romantik geografisch lokalisierbar oder ein ‚nationales' (im Sinne einer Kultursprache) oder sogar grenzüberschreitendes Phänomen? ‚Beginnt' und ‚endet' sie zu definierten bzw. definierbaren Zeitpunkten? Ist Romantik ein ‚work in progress' oder von Beginn an „Fest gemauert in der Erden", wie es in Friedrich Schillers berühmten *Lied von der Glocke* von ebendieser heißt? Auf welche Traditionen und Denkmuster greift sie zurück – oder ist sie wahrlich ‚originär'? Ist Romantik bei denen, die sich als ‚Romantiker' verstehen, immer dasselbe oder finden interne Abgrenzungen (von Künstlern, Gattungen, Strömungen, Themen etc.) statt?

Diese Liste ließe sich de facto endlos verlängern, weil sich so gut wie jede sinnvolle (und auch weniger sinnlose) Frage auf die Eingangsproblematik anwenden ließe. Das kann indes nicht zielführend sein, sondern die exemplarischen Fragen verfolgen natürlich einen bestimmten Zweck: Wie können wir Romantik als Begriff so definieren, dass er für unsere Unternehmung arbeitsfähig ist und dass beim Sprechen von ‚Romantik' für alle Leser (mindestens in diesem Kontext, aber freilich auch darüber hinaus) klar ist, was ‚Romantik' bedeutet und welche Reichweite der Begriff hat?

Die Antwort auf die Frage „Was ist romantisch?" ist zunächst ähnlich breit wie die auf „Was ist klassisch?" Der Leser mag versuchen, dies für sich schnell zu beantworten: Ist ‚klassisch' die Premium-Epoche der deutschen Geistesgeschichte, der Bezug zur römische und griechische Kultur der Antike oder eine Beschreibung für einen bestimmten musikalischen Stil, der sich aber zeitlich keineswegs einordnen lässt und genauso beim Sprechen über bestimmte zeitgenössische Musik angebracht ist wie bei Mozart, Bach, Wagner und Co.? Oder ist klassisch bau- und architekturgeschichtlich zu verstehen mit Bezug auf bestimmte Stilelemente und Bauweisen, die eben einen klassischen Charakter haben? Oder generell als Stilbezeichnung, die eine gewisse Altertümlichkeit, Rückwärtsgewandheit, einen nicht-modernen Habitus ausdrücken soll?

Man sieht: Die Antwort auf die Frage „Was ist klassisch?" fällt nicht leicht. Und genauso verhält es sich im Hinblick auf die Frage „Was ist romantisch?" Denn die Romantik als Bezeichnung für eine kulturgeschichtliche Epoche fasst Literatur, Musik und bildende Kunst, sie steht für eine bestimmte Geisteshaltung und für ein bestimmtes kulturelles, gesellschaftliches, politisch-historisches, und theologisch-philosophisches Verständnis und bezieht sich auf einen Zeitraum, der landläufig vom Ende des 18. Jahrhunderts bis in die 30er Jahre des 19. Jahrhunderts hinein angesehen wird – genau aus dem Grund, weil ‚Romantik' eine solche Bandbreite abbildet und auch ein Komponist wie Richard Wagner, dessen Schaffenshöhepunkt in der zweiten Hälfte des 19. Jahrhunderts liegt, dezidiert der Romantik zugerechnet wird. Und selbst der Komponist Richard Strauss wird noch als Romantiker aufgefasst – er starb im Jahr 1949. Daher fällt auch eine Standort- und Begriffsbestimmung der Romantik nicht allzu leicht, denn allein die zeitliche Zuordnung erscheint problematisch.

Leichter hingegen wird es freilich, wenn die Romantik als literaturhistorische Phase betrachtet wird – was dieser Einführung ja ohnehin gut zu Gesicht steht, handelt es sich doch dezidiert um eine literaturgeschichtliche Einführung. Denn die Romantik lässt sich recht trefflich periodisieren und dementsprechend innerhalb einer größeren Literatursystematik einordnen. „Seit etwa 1810 setzte [der Begriff des Romantischen; Verf.] sich als Bezeichnung der gesamten nichtklassischen zeitgenössischen Literatur durch und umfaßt als Epochenbegriff heute die Literatur zwischen 1795 und 1830."[3] Diese Einordnung ist aus zweierlei Gründen interessant. Zum einen entdecken wir darin eine relativ

[3] *Geschichte der deutschen Literatur*. Herausgegeben von Ehrhard Bahr. Zweite, vollständig überarbeitete und erweiterte Auflage. Tübingen und Basel 1998. Band 2, S. 345

strikte zeitliche Eingrenzung, die zu einem recht eindeutigen Fundus an entsprechender Literatur führen könnte. Zum anderen gilt: Folgt man dieser Ansicht, ist die Romantik als Abgrenzung zur vorangegangenen und späterhin (bis mindestens Schillers Tod 1806) existierenden Epoche der Klassik zu verstehen. Während die Bewegung um Goethe, Schiller, Herder und Wieland in Weimar sich auf das Klassisch-Antike bezog, schauten die Romantiker auf das europäisch Mittelalterlich-Ritterliche und markierten damit den zeitlichen und räumlichen Unterschied zur Klassik, die sich selbst – schon dem Namen nach – in der antik-mediterranen Welt verorteten. Sie befassten sich mit allem, was wunderbar, was fantastisch war und als unwirklich und abenteuerlich aufgefasst werden konnte. „Romantisch" stellte damit zudem einen Widerspruch zur von Rationalität getriebenen Aufklärung dar.

Den romantischen Mittelalterbezug, kombiniert mit einem strikt christlichen Bewusstsein, stellt auch der Zeitgenosse Heinrich Heine 1835 deutlich heraus: Die Romantik

> war nichts anders als die Wiedererweckung der Poesie des Mittelalters, wie sie sich in dessen Liedern, Bild- und Bauwerken, in Kunst und Leben manifestiert hatte. Diese Poesie aber war aus dem Christentum hervorgegangen, sie war eine Passionsblume, die dem Blute Christie entsprossen.[4]

Auch damit wird die Unterscheidung zur Weimarer Klassik deutlich, die sich bewusst auf die Antike bezog, auf das römisch-griechische Götterpantheon und das Christentum sowie das Mittelalter, wenn überhaupt, spöttisch betrachtete. Ganz deutlich wird in diesem Zusammenhang auch Jean Paul, der sich übrigens jeder Epocheneinordnung entzieht: „Ursprung und Karakter der ganzen neuern Poesie läßt sich so leicht aus dem Christentum ableiten, daß man die romantische ebenso gut die christliche nennen könnte."[5]

Mittelalter und Christentum bilden also in der Gedankenwelt der Romantiker eine Einheit. Es ist damals die Zeit großer

---

[4] Schulz, Gerhard: *Die deutsche Literatur zwischen Französischer Revolution und Restauration. Erster Teil: Das Zeitalter der französischen Revolution 1789 —1806.* 2. neu bearbeitete Auflage. München 2000, S. 74

[5] Ebd., S. 73

Frömmigkeit (im Adel und im Volk), die Zeit vor der Spaltung in die römisch-katholische Kirche (für die Romantiker die einzig wahre Kirche) und die evangelisch-lutherische Kirche durch Martin Luther (und im Anschluss in die übrigen reformierten Kirchen), die Zeit des kriegerischen Streitens für den Herrn und die christliche Sache in den Kreuzzügen, die Zeit des edlen Hochmuts und des ritterlichen Sinns, der sich in grenzenlosem Gottvertrauen und einem stark sittsamen Charakter manifestiert. Minnelieder, Ritterepen, sie waren der Stoff der romantischen Träume, daraus entstand das Bild des idealen Mittelalters als Vorbild für eine zu verändernde Gegenwart.
Dies folgt einem klugen System. Das Adjektiv ‚romantisch' lässt sich synonym zu ‚utopisch', ‚fantastisch', ‚märchenhaft', ‚träumerisch', ‚mystisch' etc. lesen und verstehen. Die Romantiker sahen dementsprechend das Mythische und Märchenhafte als Idealzustand an und lobten deshalb das Mittelalter als *das* Zeitalter der Geschichte, in dem alle Menschen im christlichen Glauben vereint waren und wo Märchen, Sagen und Mythen ihren Platz hatten – und nicht durch die Wissenschaft und den Fortschritt begrenzt waren. Das Traumhafte, das Fantastische, das so vielen großen Epen, allen voran dem *Nibelungenlied* als deutscher Nationaldichtung, innewohnt, trägt zum (verklärten) Bild eines idealen Zeitalters bei und findet sich in der romantischen Literatur wieder.
Wissenschaft und Fortschritt sind ebenso Kategorien, an denen sich die Romantik reibt. Die Romantik war nicht wissenschaftsfeindlich, gewiss nicht: So hat sich beispielsweise in der Romantik die Germanistik entwickelt, aber eine allzu tiefgreifende Wissenschaft wollten die Romantiker aus der Literatur und der Kunst generell gerade nicht machen. Sie sollte volksnah sein, was sich auch in der ursprünglichen Bedeutung des Begriffs „Romantik" widerspiegelt: Das altfranzösische Wurzelwort „romanz" meint die romanische Volkssprache im Gegensatz zum Lateinischen der Gelehrten. Im Kern bedeutet ‚Romantik' dementsprechend eine Dichtung in den jeweils allgemeinverständlichen Muttersprachen der Literatur- und Kulturräume.
Dieser Ansatz setzt sich in der Tradition der Volksdichtung fort. Zahlreiche Schriftsteller haben sich mit dem Begriff des Volkes auseinandergesetzt und darin den „positiven, moralisch überlegenen Teil der Bevölkerung" gesehen, um sich vom Verständnis

der Aufklärung abzusetzen, in der das ‚Volk' als „Pöbel" angesehen wurde.[6] Johann Gottfried Herder, von dem der Begriff der Volkspoesie stammt, entdeckte „den Reiz der Naturnähe und der ungebrochenen Kräfte primitiver Völker und ihrer künstlerischen Schöpfungen, besonders im Volkslied, und sah auch die, meist Unterschicht genannte, Hauptschicht der sogenannten Kulturvölker in neuem Lichte als ‚den großen ehrwürdigen Teil des Publikums, der Volk heißt', der kräftigere Sinne, reichere Phantasie und ursprünglicheres Empfinden habe als die gelehrte Oberschicht."[7] Nach Herder gehen aus dem Volk unter anderem der Volksglauben, Volkssagen, Volkslieder (in denen das Empfinden und die Phantasie sehr ausgeprägt auftritt) und alle Kunst hervor, die ‚volksmäßig' oder ‚volksartig' ist.

Besonders deutlich wird der Ansatz der Volksdichtung bei Clemens Brentano und Achim von Arnim in der Liedersammlung *Des Knaben Wunderhorn*, eine Sammlung von Volksliedtexten in drei Bänden. Sie enthält 723 Liebes-, Soldaten-, Wander- und Kinderlieder vom Mittelalter bis ins 18. Jahrhundert. Der Hintergrund: Die jüngeren Anhänger der Romantik widmeten sich, stark von Nationalgefühl ergriffen, der Sammlung und dem Studium der Ursprünge der germanischen Vergangenheit in Volksliedern, Märchen, Mythen, Sagen (*Nibelungensage*) und germanischer Dichtung (*Edda*). Alles, was unberührt von den in ihren Augen negativen Auswirkungen der modernen Zivilisation war, wurde als gut und für die „Gesundung der Nation" als hilfreich erachtet. Mit Hilfe der sogenannten Volksdichtung sollten die Gedichte ihren früheren Stellenwert, den sie im Rahmen der wachsenden institutionalisierten Bildung (Aufklärung) verloren hatten, zurückgewinnen. *Des Knaben Wunderhorn* sollte diesen Ansatz unterstützen, Dichtung und Volk neu verbinden und durch bestimmte Motive wieder näherbringen. Dies bezieht sich insbesondere auf Motive aus alter Zeit, die keine Einflüsse aus der als allzu zivilisatorisch angesehenen Gegenwart zulässt. Damit soll die Vergangenheitsverbundenheit der Romantik nochmals herausgestellt werden: Mit dem Rückbezug auf das Mittelalter bzw. auf bestimmte mit diesem Gesellschafts-, Denk- und

[6] Bahr, *Geschichte der deutschen Literatur, Band 2*, Tübingen und Basel 1998, S. 376

[7] Kluckhohn, Paul: *Das Ideengut der deutschen Romantik*. Tübingen 1953, S. 102

Kunstsystem korrespondierende Motive sollen die Leser, soll das ‚Volk' an diese als vorbildlich verstandene Vergangenheit herangeführt werden. Dies hat auch wieder mit der Rückbesinnung auf das Christentum zu tun. Bei Heinrich Heine, dem hochbegabten und jederzeit zu Spott aufgelegten Beobachter, heißt es:

> Im Altertum, das heißt eigentlich bei Griechen und Römern, war die Sinnlichkeit vorherrschend. Die Menschen lebten meistens in äußern Anschauungen, und ihre Poesie hatte vorzugsweise das Äußere, das Objektive, zum Zweck und zugleich zum Mittel der Verherrlichung. Als aber ein schöneres und milderes Licht im Orient aufleuchtete, als die Menschen anfingen zu ahnen, daß es noch etwas Besseres gibt als Sinnenrausch, als die unüberschwenglich beseligende Idee des Christentums, die Liebe, die Gemüter zu durchschauern begann: da wollten auch die Menschen diese geheimen Schauer, diese unendliche Wehmut und zugleich unendliche Wollust mit Worten aussprechen und besingen. Vergebens suchte man nun durch die alten Bilder und Worte die neuen Gefühle zu bezeichnen. Es mußten jetzt neue Bilder und neue Worte erdacht werden, und just solche, die, durch eine geheime, sympathetische Verwandtschaft mit jenen neuen Gefühlen, diese letztern zu jederzeit im Gemüte erwecken und gleichsam herauf beschwören konnten. So entstand die sogenannte romantische Poesie, die in ihrem schönsten Lichte im Mittelalter aufblühete, späterhin vom kalten Hauch der Kriegs- und Glaubensstürme traurig dahin welkte, und in neuerer Zeit wieder lieblich aus dem deutschen Boden aufsproßte und ihre herrlichsten Blumen entfaltete. Es ist wahr, die Bilder der Romantik sollten mehr erwecken als bezeichnen.[8]

Nehmen wir noch einmal die zeitliche Komponente in den Blick. Die Romantik ist als Literatur- und Kunstsystem ja nicht einfach entstanden im Sinne von: vom Himmel gefallen, sondern einem klassischen Entwicklungsprozess unterworfen. Auch die Literatur verläuft in Zyklen, und in der Schlussphase des ei-

[8] Heine, Heinrich: „Die Romantik", in: *Historisch-kritische Gesamtausgabe der Werke.* Herausgegeben von Jan-Christoph Hauschild. Hamburg 1993. Band 10, S. 194—195

nen Zyklus entsteht die Frühphase des neuen. Vom Grundsatz her bewegt sich die Romantik in der zweiten Hälfte des zeitlichen Kontextes, der vom dichterischen Schaffen Johann Wolfgang Goethes bestimmt wird. Damit ist die Zeitspanne zwischen 1770 und 1830 gemeint, die recht simpel, aber dennoch treffend als ‚Goethezeit' beschrieben wird. Wir haben oben bereits den Jahresstempel „1795" vernommen als eine Art früheste Entstehungsstufe der Romantik in Deutschland. Konkreter indes wird es schon zwei Jahre später, wenn Friedrich Schlegel in der Zeitschrift *Lyceum der Schönen Künste* seine frühen Fragmente zur Romantik veröffentlicht, darin Klassik und Romantik als Denksysteme gegenüberstellt und die Grundlagen für das romantische Literaturverständnis schafft – etwa in Abgrenzung zur Klassik, über die er sagt: „Alle klassischen Dichtarten in ihrer strengen Reinheit sind jetzt lächerlich."[9] Dann das Jahr 1799: Ludwig Tieck bringt seine gesammelten Dramen unter dem Titel *Romantische Dichtungen* heraus, eine „harte und kompromißlose Abgrenzung der neuen Epoche von der alten, die mit der Aufklärung identisch gesetzt und überall, mit Ausnahme der ‚physikalischen Erfahrungswissenschaften' als unzureichend, flach, mittelmäßig, beschränkt denunziert wird"[10]. Tieck geht darin so weit, eine ganze Reihe von negativen Urteilen über die Aufklärung zu fällen, die als Epoche des Übergangs und letztlich als bloßes Vorfeld der Romantik angesehen wird. In der Romantik soll sich danach das vollenden, was die Aufklärung begonnen hat; ein eigenständiger Wert wird ihr indes nicht zugewiesen.

Damit ist um die Jahrhundertwende die Grundkonstitution der Romantik gegeben. Folgt man Hermann August Korff, so bildet die Romantik die „zweite Generation der Goethezeit" und stellt die „Vollendung" und „Aufhebung" der vorangehenden Phase (Klassik) dar.[11] In der Romantik sei der Geist der Goethezeit zur letzten Stufe seiner organischen Entfaltung gekommen. Dieser Geist hat sich vom Sturm und Drang (ab ca. 1770) über die Klassik (ab ca. 1785) bis hin zur Romantik weiterentwickelt und

---

[9] Schlegel, Friedrich: „Fragmente", in: Schlegel, Friedrich: *Kritische Schriften.* Herausgegeben von Wolfdietrich Rasch. München 1971, S. 13

[10] Ueding, Gert: *Klassik und Romantik.* Deutsche Literatur im Zeitalter der Französischen Revolution. München[2] 2008, S. 100

[11] Korff, Hermann August: *Geist der Goethezeit. III. Teil Romantik: Frühromantik.* Leipzig[2] 1949, S. XIff.

fasst somit drei Literaturströmungen ein, deren Sinn sich auch im Verhältnis zueinander erschließt.[12] Ohne Sturm und Drang und Klassik – jeweils geprägt durch das Schaffen Goethes (*Die Leiden des jungen Werther*, *Götz von Berlichingen*, *Egmont*, *Faust*, *Wilhelm Meister* etc.) – ist die Romantik als Endpunkt einer Entwicklung und Start einer neuen Phase überhaupt gar nicht denkbar.

Für Korff bildet die Romantik die zweite Generation der Goethezeit, die sich „gegen die zeitlich benachbarten Epochen: die Aufklärung des 18. Jahrhunderts hier und den bürgerlichen Realismus des 19. dort" absetzt. Die Romantik sei damit mithin auch kein Gegensatz zur Klassik, keine Gegenströmung gegen den klassischen Geist, „sondern dessen organische Fortbildung auf vorgerückter Stufe: der alte Geist der Goethezeit in generationsmäßig verwandelter Form"[13]. Diese bezieht sich vorrangig auf die „Romantisierung der humanistischen Gedankenwelt, des philosophischen Weltbildes, das die erste Generation geschaffen hat" und die „Romantisierung der humanistischen Gestaltenwelt, der konkreten Welt- und Lebensbilder, in denen sich auf dichterische Weise das humanistische Welt- und Lebensgefühl ausgewirkt [hat]"[14].

Diese Gedankenwelt vernetzt der Germanist mit der zeitlichen Eingrenzung der Goethezeit, denn so wie sich seiner Ansicht nach die Romantik mitten in der Goethezeit ab 1794 entfaltet, genauso beendet sie sich selbst um 1814, nämlich mit dem Ende der Befreiungskriege, die Europa von der Herrschaft des französischen Kaisers Napoleon befreit hatten. Damit beginnt das Biedermeier-Zeitalter, das die Zeitspanne vom Ende des Wiener Kongresses 1815 bis zum Beginn der bürgerlichen Revolution 1848 in den Ländern des Deutschen Bundes umfasst. Damit hat diese Phase schon einen Namen erhalten, der sie von der Romantik diametral abhebt.[15] Eichendorff und die anderen wären

[12] Vgl. Korff, Hermann August: *Geist der Goethezeit. III. Teil Romantik: Frühromantik*. Leipzig[2] 1949, S. 3

[13] Ebd., S. 5

[14] Ebd., S. 7

[15] Mit dem Begriff Biedermeier ist in erster Linie eine bürgerliche Kultur gemeint, in der das Privat- und Familienleben in ganz neuem Ausmaß kultiviert wurde mit dem Fokus auf das häusliche Glück in den eigenen vier Wänden, die zum Rückzugsort wurden. Bürgerliche Tugenden wie Fleiß, Ehrlichkeit, Treue, Pflichtgefühl, Bescheidenheit wurden zu allgemeinen

dann mithin ‚Ausläufer' einer bereits vergangenen Epoche.
Es sind damit die Phasen Früh- und Hochromantik, die die ‚Romantik' für Korff ausmachen und fest verbunden sind mit Goethes Prägung der Kunst, Kultur und Geschichte zwischen 1770 und 1830. Die Spätromantik blendet Korff aus, sie tritt jedoch bei Joseph von Eichendorff und in den Spätwerken der Romantiker Clemens Brentano und Ludwig Tieck noch einmal bis heute prominent hervor. Die zeitliche Einteilung der Romantik als Phase der Goethezeit ist damit kein Zufall oder ein rein chronologisches Phänomen. Das romantische System ist inhärenter Teil der goethezeitlichen Epoche und sogar darüber hinaus und sollte daher nicht allzu sehr verengt werden, auch wenn die ältere Forschung diesen Weg vorschlägt. In allen ihren Phasen kreuzt die Romantik mit anderen Strömungen und Systematiken und zeigt damit deutlich Dynamik, Veränderungspotenzial und Veränderungsbereitschaft der Literatur an sich. So wie die Romantik sich parallel zur Weimarer Klassik entwickelt, entsteht das Biedermeier aus einer bestimmten Denkrichtung in einer Zeit, in der die Romantik ihre Blüte entfaltet – aber die Romantik begleitet die Literaturgeschichte noch für viele Jahre weiter, und selbst bis nach 1840 finden sich weiterhin romantische Stoffe und Modelle.
Was also ist die ‚Romantik'? Kurz gesagt, können wir die Romantik als eine literaturhistorische Epoche bezeichnen, die sich in ihrem Kern zwischen 1794 und 1815 entfaltet. Literatur, die später entsteht, kann zu weiten Teilen noch bis ca. 1830 und darüber hinaus in ihrer Art und Weise deutlich ‚romantisch' sein. Aber viele Texte entstehen zumindest schon teilweise zeitlich außerhalb der Epoche der Romantik, die bereits von einem Anschlusssystem abgelöst worden ist. Trotz allem bleibt das Wesen der Romantik außerhalb eines stringenten Zeitstrahls bestehen, weshalb die Literatur dieser späteren Zeit oftmals noch auf der Folie eines romantischen Denkmusters entstanden ist. Die Romantik ‚endet' damit nicht einfach, sondern klingt stufenweise ab. Das gilt es bei der Lektüre späterer Texte immer zu beachten.
Romantische Literatur zeigt neues Denken, das vorhergehende

Prinzipien erhoben. Das hat natürlich nichts mit dem freien Geist der Romantik zu tun und ihrer Abkehr von einem philisterhaften Leben als dem Schreckensbild (klein-)bürgerlicher und engstirniger Moralvorstellungen.

Epochen, namentlich die alles überragende Klassik, überkommen will, sich aber zugleich dezidiert Vorbilder sucht, und zwar im christlich-deutschen Mittelalter. Ein Rückzug auf ritterliche Tugenden und Ideale auf einem christlich-katholischen Fundament ist herausragendes Kennzeichen einer Zeit, die sich wieder den einfachen Menschen zuwendet und daher die Idee der Volksdichtung prominent ausbreitet – Literatur ist für alle Menschen da, nicht für eine hochgebildete Klasse, die sich in einer eigenen Welt bewegt. Und ebenso ist romantische Literatur explizit ‚deutsch', freigemacht von ausländischen Einflüssen und „kulminierend in den exzessiven Haßgesängen gegen Frankreich und die Franzosen: An der Aufgabe, das vaterländische Bewusstsein zu stärken, haben sich fast alle frühromantischen Schriftsteller beteiligt [...]", dabei ist die „Rückwendung in die Vergangenheit oftmals mit einer kritischen Haltung zur Gegenwart verbunden"[16]. Auch dies ist Ausweis der Romantik: Der Gegenwart wird nicht getraut, lieber zieht man sich aus dieser Welt und sucht sich Ausweichmöglichkeiten, ob im Mittelalter mit seinem Burgen- und Ritterwesen oder in Fantasiewelten. Das alles wird deutlich im Begriff der Romantik.

Dabei spitzt sich die Romantik selbst aber längst nicht auf das zu, was wir heute vielleicht leicht lächelnd als Ritterromantik in Burgruinen abtun wollten: Sie hatte durchaus ein umfassendes Selbstverständnis, wie sich in der Poetik der Romantik offenbart, also in der Lehre der eigenen Dichtkunst, wie wir sie in Friedrich Schlegels berühmt gewordenen *Athenaeum*-Fragment Nr. 116 finden:

> Die romantische Poesie ist eine progressive Universalpoesie. Ihre Bestimmung ist nicht bloß, alle getrennten Gattungen der Poesie wieder zu vereinigen und die Poesie mit der Philosophie und Rhetorik in Berührung zu setzen. Sie will und soll auch Poesie und Prosa, Genialität und Kritik, Kunstpoesie und Naturpoesie bald mischen, bald verschmelzen, die Poesie lebendig und gesellig und das Leben und die Gesellschaft poetisch machen, den Witz poetisieren und die Formen der Kunst mit gediegnem Bildungsstoff jeder Art anfüllen und sättigen und durch die Schwingungen des Humors

[16] Ueding, *Klassik und Romantik*, S.760f.x

> beseelen. Sie umfaßt alles, was nur poetisch ist, vom größten wieder mehrere Systeme in sich enthaltenden Systeme der Kunst bis zu dem Seufzer, dem Kuß, den das dichtende Kind aushaucht in kunstlosem Gesang.[17]

Rückwärtsgewandtheit heißt also in der Romantik nicht, sich in einem reaktionären Strudel zu verlieren, der nur eine Wahrheit, eine Form, eine Sache kennt. Vielmehr ist die Romantik vielfältig und will sämtliche Formen ‚romantisieren' und für die eigene Sache nützlich machen. „Sie umfaßt alles, was nur poetisch ist", das sagt alles aus: Die Romantik genügt sich nur in der ganzen Poesie, sie will nichts Halbes, sie will das Ganze. Das Sendungs- und Selbstbewusstsein der Romantiker ist enorm und steht bei den führenden Vertretern dem Ego eines Johann Wolfgang Goethe in nichts nach. Daher spielen sich in der romantischen Literatur auch ganz verschiedene Themen ab, letztlich bleibt nichts – von Sehnsucht und Liebe über das Unheimliche bis hin zu Weltflucht, Nationalismus und Gesellschaftskritik – unbehandelt. Dazu kommen die großen Grundthemen der Romantik Gefühl, Leidenschaft, Individualität und individuelles Erleben sowie Seele, vor allem die gequälte Seele. Diese Bandbreite aufzuzeigen, hat sich der vorliegende Band zur Aufgabe gemacht.

---

[17] *Kritische Friedrich-Schlegel-Ausgabe.* Erste Abteilung: Kritische Neuausgabe. Herausgegeben von Ernst Behler unter Mitwirkung von Jean-Jacques Anstett und Hans Eichner. München, Paderborn, Wien, Zürich 1962, Band 2, S. 181; vgl. auch Kapitel III.

II. Eine kurze Theorie der Romantik

Nachdem im zweiten Kapitel die Grundlagen für die weitere Behandlung der Romantik geschaffen worden sind, zielt dieses dritte Kapitel nun darauf ab, in aller gebotenen Kürze die Theorie(n) der Romantik zu verhandeln. Denn bei aller Volksnähe und zur Schau getragenen Einfachheit der stilbildenden und epochemachenden Figuren haben sich die führenden Autoren nicht aus theoretischen Debatten herausgehalten, im Gegenteil: Sie waren der Ansicht, dass die Basis für die neue Denk- und Kunstepoche nicht direkt im kreativen Werk zu finden war, sondern vielmehr zunächst in theoretischen Schriften, auf deren Boden dann produktiv geschaffen werden konnte.

Oben ist uns schon der Begriff der ‚Universalpoesie' begegnet, den wir als längeres Zitat erst einmal haben stehen und wirken lassen. Doch was genau meint diese ‚Progressive Universalpoesie' eigentlich? ‚Progressiv' bedeutet so viel wie ‚vorwärtsgewandt' und steht als Gegenbegriff zu ‚konservativ' oder sogar ‚reaktionär'. Auf die romantische Literatur bezogen ist dies aber zunächst unpolitisch zu sehen (auch wenn die Romantiker alles andere als unpolitisch waren) und in Bezug auf die Kunst an sich, wie bei Friedrich Schlegel nachzulesen ist: „Die romantische Dichtart ist noch im Werden; ja das ist ihr eigentliches Wesen, daß sie ewig nur werden, nie vollendet sein kann."[18]

Romantische Literatur ist also per se ‚unfertig', kann auch niemals fertig werden, da sie sich immer weiterentwickelt und in ihrer Bewegung niemals stehen bleibt. Sie ist und hat kein Idealbild wie die Kunst der Griechen, emporgehoben in der Klassik Weimaraner Prägung und hingestellt als *das* final Gültige; romantische Dichtung braucht den Drang nach vorne, sich immer wieder neu erfinden zu können, ohne in strikten theoretischen Grenzen verhaftet zu sein.

Mit diesem immens folgenreichen Ansatz der Progressiven Universalpoesie überwindet Friedrich Schlegel die Vorstellung eines nach Zweck, Stil und Form gegliederten Gattungskanons, wie ihn die ältere Literaturtheorie und auch die Klassik ausgebildet haben. Die Universalpoesie hebt diese künstliche Unterteilung

[18] *Kritische Friedrich-Schlegel-Ausgabe*, Band 2, S. 182

auf und verschmilzt alle Lebens- und Kunstbereiche, alle wissenschaftlichen und künstlerischen Tätigkeiten, alle Äußerungen des Denkens und Fühlens im Rahmen eines umfassenden gattungsvermischenden Literaturverständnisses. Universalpoesie sprengt die typischen Gattungsgrenzen, wie sie von Goethe herausgestellt worden sind: „Es gibt nur drei echte Naturformen der Poesie: die klar erzählende, die enthusiastisch aufgeregte und die persönlich handelnde: Epos, Lyrik und Drama. Diese drei Dichtweisen können zusammen oder abgesondert wirken."[19]
Auch wenn Goethe den Zusammenfall der Naturformen bereits andeutet, meint er ihn nicht so wie ihn die romantische Poesie versteht: Reflektiert Goethe dafür unter anderem die „schätzenswertesten Balladen aller Völker" und das „ältere[n] griechische[n] Trauerspiel"[20], will Friedrich Schlegel erreichen, dass sich diese formübergreifende Grenzenlosigkeit in der gegenwärtigen Literatur durchsetzt und kein Privileg längst vergangener Zeiten bleibt, wie Goethe sie sieht. Dass das gelingt und was dies bedeutet, zeigen vielfältige literarische Beispiele der romantischen Zeit, wie sich in einem späteren Kapitel zeigen wird.[21]
Eng mit der Universalpoesie verbunden ist die Transzendentalpoesie. Die Begriffsprägung geht auf Friedrich Schlegel zurück, der im 238. Athenäum-Fragment eine Poesie „nach der Analogie der philosophischen Kunstsprache" so bestimmt, deren „eins und alles das Verhältnis des Idealen und des Realen"[22] ist. Im Fragment 247 bezeichnet er „Dantes prophetisches Gedicht" (damit ist die *Göttliche Komödie* gemeint) als „das einzige System der transzendentalen Poesie", das mit der romantischen Kunst Shakespeares und Goethes „Poesie der Poesie" den „großen Dreiklang der modernen Poesie" bilde.[23] Romantische Poesie gilt

[19] Goethe, Johann Wolfgang: *Berliner Ausgabe. Poetische Werke*. Berlin 1960ff. Band 3, S. 232
[20] Ebd.
[21] Zweimal wurde nun bereits in diesem Kapitel Bezug genommen auf das griechische Altertum, zweimal nicht jubilierend – es liegt aber fern, dies abzuwerten, denn auch Friedrich Schlegel tut dies nicht. Er war sogar ein großer Anhänger des klassischen Altertums, die Poesie der Griechen galt ihm als „reine Kunst des Schönen" und auf Schönheit verpflichtet.
[22] *Kritische Friedrich-Schlegel-Ausgabe,* Band 2, S. 204
[23] Ebd., Band 2, S. 206; siehe auch Weber, Heinz-Dieter: „Transzendentalpoesie", in: *Historisches Wörterbuch der Philosophie*. Herausgegeben von Joachim Ritter, Karlfried Gründer und Gottfried Gabriel. Basel 2007. Band 10, S. 1438

als Transzendentalpoesie, wenn sie ihre eigene Hervorbringung reflektiert – damit ist sie Produzierendes, Subjekt und Objekt in einem und kann damit laut Friedrich Schlegel ein „Bild des Zeitalters“ werden, wodurch ihr die Aussicht auf eine grenzenlos wachsende Klassizität eröffnet wird.[24]

Aus dieser Idee leiten Friedrich Schlegel und andere romantische Autoren auch die Forderung nach einer eigenen romantischen Mythologie ab, damit die moderne Dichtkunst der antiken in nichts nachstehen muss. „Wir haben keine Mythologie“ [25], kritisiert Schlegel. Diese ist für ihn aber eben eine Grundbedingung der romantischen Literatur, denn Poesie kann ohne Mythologie nicht sein – sie sind für Schlegel unzertrennlich.[26] Die Mythologie ist die Basis des künstlerischen Werks und da die Romantiker antreten, fundamental Neues zu kreieren, können sie nicht auf ein bestehendes mythologisches Konzept zurückgreifen, sondern sie müssen aus der Erfahrung der Kulturgeschichte und ihrer eigenen Ideen eigenständige Inhalte herleiten und nutzbar machen – Mythologie ist das Kernprojekt romantischer Dichtung. Es folgt dem Motto des Philosophen Friedrich Schelling, eines Zeitgenossen, der äußerte: „Mythologie ist die notwendige Bedingung und der erste Stoff aller Kunst.“[27] Aber, so denkt Friedrichs älterer Bruder August Wilhelm Schlegel nach, könne kein Dichter allein willkürlich eine gültige Mythologie stiften, da diese nur eine unabsichtliche, allmähliche Dichtung einer Nation, eines Zeitalters sein könne. Mit diesem Gedanken grenzt Schlegel die Romantik deutlich von der Aufklärung ab, die ja eine Religion der Vernunft gewesen sei und keine mythologischen Bilder und Zeichen wollte, was laut Schlegel für die Poesie tödlich sei. Daher setzt Schlegel auf eine „freie selbstbewußte Poesie, welche darauf fortbaut, für welche der Mythus wieder Stoff wird, den sie dichterisch behandelt, poetisiert.“[28] Um in der Ableitung davon dem Germanisten Albert Meier zu folgen: „Eine nicht mehr aufgeklärt-abstrakte, sondern ‚dichterische Weltsicht, d.h. eine solche, worin die Phantasie herrscht‘,

---

[24] *Kritische Friedrich-Schlegel-Ausgabe,* Band 2, S. 181f.
[25] Ebd., S. 312
[26] Vgl. ebd., S. 313
[27] Schelling, Friedrich: *Texte zur Philosophie der Kunst.* Ausgewählt und eingeleitet von Werner Beierwaltes. Stuttgart 1982, S. 10
[28] Schlegel, August Wilhelm: *Kritische Schriften und Briefe.* Herausgegeben von Edgar Lohner. Stuttgart et al. 1963ff., Band 2, S. 226

setzt also den produktiven Umgang mit Mythologien, speziell denen des je eigenen Volkes, voraus. Das begründet wiederum den Primat der heimischen Tradition gegenüber der klassischen Überlieferung[.]"[29]

Das ist eine interessante Überleitung zu einem weiteren Kernpunkt der romantischen Ideenwelt. Das Nationale, das Heimische nimmt eine besondere Position ein. Die romantische Poesie bricht sich vor allem Bahn in der Beschäftigung mit der Älteren deutschen Poesie und der Volksdichtung. Das ist eine Gemengelage aus unterschiedlichen, aber eng verwandten Motiven, die sich unter anderem auf das Interesse an einer Kulturnation und ihrer Geschichte, die Gegenüberstellung von antik-heidnischer und christlich-romantischer Identität und die Suche nach der Quelle der Poesie in der mündlichen Überlieferung des Volkes bezieht. Dadurch soll ein Gegenbild zur als unharmonisch empfundenen Gegenwart entwickelt werden, das sich auf eine Form des ‚deutschen' Wesens bezieht.

Dabei gelangen die Romantiker auf verschiedenen Pfaden zum Ziel. Zum einen sehen sie sich in der Nachfolge Johann Gottfried Herders und nehmen Bezug auf die germanische Götter- und Sagentradition, die der Dichter, Übersetzer, Theologe sowie Geschichts- und Kultur-Philosoph der Aufklärung und Weimarer Klassik aufgegriffen hat. Er erkannte die fiktive Figur des Barden Ossian[30] als den „Homer des Nordens" an und wünschte sich, dass „Ossian der Lieblingsdichter junger epischer Genies"[31] werde. Ossian stand damals für eine große Geste voller Pathos, als Ausdruck einer bürgerlichen Kultur im Gegensatz zur höfischen und einer der „Kunstpoesie entgegenstehende Volkspoesie"[32]. Der Hintergrund dieser Bewegung: „In der alten Zeit, jenem Ort projektierter Idealität, hatten Dichter wie Homer und Ossian noch das Vermögen, unverstellt zu dichten, die Regeln waren Naturregeln. Die Kunst löschte die Natur aus, Kunst wur-

[29] Meier, Albert: *Klassik – Romantik.* Stuttgart 2008, S. 160

[30] Eigentlich die Titelfigur im Werk *Ossian* des schottischen Dichters James Macpherson aus dem 18. Jahrhundert, das dieser geschickt als Produkt des dritten Jahrhunderts verkaufte und so einen wahren ‚Bardenrausch' entfachte.

[31] Zit. nach Luserke, Matthias: *Sturm und Drang. Autoren – Texte – Themen.* Stuttgart 1997, S. 82

[32] Ebd., S. 83

de Künstlichkeit."[33] Dies wollten die Romantiker verhindern. Nach August Wilhelm Schlegel sollte der Mythos (als ein Teil der Mythologie) sich nach den Bedürfnissen eines Volkes richten und als Nationalmythos eine gemeinschaftliche Ansicht der Natur und der Welt darstellen.

So kommt es zur eingehenden Beschäftigung der Romantiker mit den Wurzeln und Ursprüngen der Poesie in der mündlichen Überlieferung im und aus dem Volk. Poesie, Dichtung, Geschichte und Geschichtsschreibung gehören zusammen, woraus sich dann in der Vergangenheit die von vielen Autoren, allen voran den Brüdern Grimm, glorifizierte Naturpoesie zusammensetzt und die wiederum durch die literarischen Formen der Sage, des Epos, des Mythos und des Märchens gekennzeichnet ist. Die Naturpoesie entsteht in der poetisch-historischen Vorstellung der Romantiker direkt aus dem Volk und kann keinem Autor zugeordnet werden.

Apropos Brüder Grimm: Deren Märchensammlung gilt als die Vorzeigekollektion volkstümlicher Dichtung – dabei waren die Märchen alles andere als direkt aus dem Volk stammend. Vielmehr hatten die Brüder Jacob Wilhelm Grimm sich von Angehörigen des bürgerlich-adligen Mittelstandes diese Märchen zusenden lassen und gründlich überarbeitet. Dass diese Märchen über Jahrhunderte mündlich übertragen worden seien, ist eine kluge Erfindung der Sammler (denen aber übrigens das Verdienst zukommt, die Germanistik als akademische Fachdisziplin begründet zu haben), um den „Eindruck des Naiven, des Volkstümlichen erheblich zu verstärken. Nichtsdestotrotz sind Märchen, soweit sie nicht der Schaffenskraft eines bestimmten Autors zu einem bestimmten Zeitpunkt zuzuordnen sind, immer noch Volksmärchen als mündlich und kollektiv tradiertes Erzählgut."[34]

Es muss an dieser Stelle deutlich herausgestellt werden, dass dieses Kapitel nur einen ersten Anriss der Theorie der Romantik geben kann. Auch für diesen Komplex ist es wichtig, sich über die literarisch-theoretischen Texte zu nähern und das Gedankengut der Autoren auf diese Weise aufzunehmen. So wird es schnell zu Annäherungen von verschiedenen Seiten kommen, sei es über

[33] Luserke, Matthias: Sturm und Drang. Autoren – Texte – Themen. Stuttgart 1997, S. 83

[34] Theorie der Romantik, S. 31

die Literatur- und Kunstkritik, die Ironie über die Geschichtsphilosophie und Politik oder eben auch über die Hinwendung zur älteren Poesie und Volksdichtung, die hier nur bruchstückhaft verhandelt worden ist und sich unter anderem in der Wiederentdeckung der und Hinwendung zu den Minneliedern des Mittelalters (s. Kap. VI) zeigt – ein Aspekt, der großen Lesegenuss bedeutet und unbedingt bei der Beschäftigung mit der Romantik und darüber hinaus anempfohlen wird.

III. Die Frühromantik

Die Aufteilung der Romantik in drei grundsätzliche Phasen – Frühromantik, Hochromantik und Spätromantik – haben wir bereits thematisiert. Doch was hat es mit diesen Phasen auf sich, von welchen Themen, Texten und Autoren werden sie getragen? Dies herauszuarbeiten ist die Aufgabe der Kapitel III, IV und V, die jeweils eine Phase der Romantik behandeln werden.
Das zentrale historisch-politische Ereignis für die Entwicklung der Frühromantik ist selbstredend die Französische Revolution von 1789, die den Übergang vom traditionell gewachsenen Feudalismus zur Herrschaft des Bürgertums markiert. Die Französische Revolution ist der zentrale geschichtliche Wendepunkt der Epoche und läutet ein neues Zeitalter ein – nicht umsonst sprechen moderne Historiker von 1789 als dem Beginn des 19. Jahrhunderts. Das 18. Jahrhundert, immer noch gleichzusetzen mit dem alten Feudal- und Klassensystem, endete tatsächlich relativ abrupt mit dem Sturm auf die Bastille und den sich daraufhin überschlagenden Vorkommnissen. Die Romantiker wiederum haben diese politisch-gesellschaftlichen Veränderungen und Umwälzungen sehr genau registriert und als emanzipatorischen Faktor für das aufstrebende Bürgertum verstanden – die Französische Revolution gehört zu den Voraussetzungen der Romantik.

Die frühen Romantiker können sich stark für die Revolution begeistern. Sie hatte für die jungen Männer und auch Frauen

> eine so gewaltige Ausstrahlung, weil man sich von ihr nicht nur die Beseitigung eines ungerechten Herrschaftssystems versprach, sondern von Herrschaft überhaupt. Die Veränderung der politischen Institutionen würde, so hoffte man, den besseren, den freien Menschen endlich zum Vorschein bringen. Man glaubte, Zeuge eines welthistorischen Experimentes zu sein, bei dem es um die Frage ging: Wieviel freie Selbstbestimmung ist möglich und welche äußeren Gesetze und politische Ordnungen sind dafür nötig?[35]

---

[35] Safranski, Rüdiger: *Romantik. Eine deutsche Affäre*. München 2007, S. 34

Sowohl theoretisch als auch poetisch hat sich die erste Generation der Romantiker mit dem Jahrhundert-, vielleicht Jahrtausendereignis auseinandergesetzt und daraus so etwas wie ein verbindendes Element gezogen. Friedrich Schlegel beispielsweise – der behauptete, die Politik liege ihm noch mehr am Herzen als die Kritik oder die Poesie – feiert als einer der herausragenden Theoretiker der Romantik den Republikanismus, also das Ziel der Französischen Revolution. Es müssen durch den republikanischen Staat die Freiheit des einzelnen und die Gleichheit aller gewährleistet sein. Zudem ist ein universeller Republikanismus notwendig, damit der Friede nicht nur in, sondern auch zwischen den Staaten garantiert ist. Für ihn ist das ideale Ergebnis des Republikanismus eine absolute Gleichheit der Rechte und Verbindlichkeiten der Staatsbürger, um aller Herrschaft und Abhängigkeit ein Ende machen. Aber mindestens sollte in der Republik Verschiedenheit der Rechte und Verbindlichkeiten der Bürger nur durch die Volksmehrheit vorgegeben sein.
Und Ludwig Tieck behauptet in einem Brief an seinen Freund Wilhelm Heinrich Wackenroder (28. Dezember 1792), er würde am liebsten für die Revolution sterben und träumt sich ins revolutionäre Frankreich – denn für ihn ist Leben ohne Freiheit nichts und für die Freiheit zu sterben erscheint als erstrebenswertes Ziel: „O, wenn ich itzt ein Franzose wäre! Dann wollt ich hier nicht sitzen [...] Oh, in Frankreich zu sein, es muß doch ein groß Gefühl sein, unter Dumouriez zu fechten und Sklaven in die Flucht zu jagen, und auch zu fallen – was ist ein Leben ohne Freiheit?“[36] Solche Stellungnahmen erscheinen „typisch für die Generation der jungen Literaten“ und sogar die Hinrichtung des französischen Königs Ludwig XVI. August von Frankreich habe kein allzu großes Problem dargestellt. Das kriegerische Potenzial sei aber gering gewesen, vielmehr hätten mehr ästhetische als politische Fragestellungen im Raum gestanden.[37] Das deckt sich mit einer Beobachtung von Peter Schnyder, der über „Politik und Sprache in der Frühromantik“ geschrieben hat. Seiner Ansicht nach lassen sich „zahlreiche Belege für die These von der Ästhetisierung und Moralisierung der Revolution in der Frühro-

[36] Wackenroder, Wilhelm Heinrich: *Werke und Briefe.* Herausgegeben von Lambert Schneider. Heidelberg 1967, S. 405

[37] Vgl. *Ludwig Tieck. Leben – Werk – Wirkung.* Herausgegeben von Claudia Stockinger und Stefan Scherer. Berlin 2011, S. 39f.

mantik beibringen", ebenso seien die Frühromantiker keinesfalls „Revolutionäre mit ganz konkreten Absichten gewesen."[38]

Die Reichweite der Französischen Revolution, die geschichtsphilosophischen Implikationen und Einzelmeinungen zu bestimmten Vorgängen (vor allem nach dem Beginn des Terrorregimes ab 1793) lassen sich hier nicht in aller Ausführlichkeit darlegen. Es ist jedoch wichtig zu verstehen, dass die großen politischen und gesellschaftlichen Umwälzungen in Frankreich, die Abkehr vom antirepublikanischen, monarchistischen Ancien Régime, ein bindendes Element für die Frühromantiker darstellen, die sich mal mehr, mal weniger scharf und intensiv damit befassen (und sich in weiten Teilen später wieder von der Revolution abwenden): „Einstweilen verstehen sich Novalis, Schelling und Schleiermacher, Tieck, Wackenroder und Friedrich Schlegel als Parteigänger revolutionärer Humanität. Das sowohl ausdrücklich, wie auch in ihrer Kunsttheorie."[39] Damit lässt sich festhalten, dass sich die Frühromantik vielleicht nicht allein aus dem Geiste der Französischen Revolution heraus entwickelt; aber ohne die Französische Revolution scheint das Zusammenfinden dieser jungen Schriftsteller und Theoretiker weniger denkbar.

Nichtsdestotrotz ist es für die Betrachtung der romantischen Entwicklung wichtig, diesen Aspekt nicht außer Acht zu lassen. Der Romantik wohnt ein revolutionäres Potenzial inne und die Romantiker treten an, die Verhältnisse zu verändern. Das gilt natürlich vorrangig für die literarische Entwicklung und den Versuch, das Vorangegangene und Gegenwärtige (Klassik) zu überwinden – denn diese Strömungen dienen als Vorbereitung für die Romantik. Es gilt aber auch für den Versuch, die Gesellschaft im Sinne der Romantik zu verändern und das bereits erwähnte Mittelalterlich-Ritterlich-Christliche neu zu implementieren. Dass dies mit einer weitreichenden gesellschaftlichen Veränderung zusammenhängt, versteht sich von selbst.

Die Romantik darf also nicht alleine als Schöpferin angenehmer Literatur angesehen werden, die keine Ansprüche an Veränderungen stellt. Die Entwicklung der Romantik hängt mit dem Wunsch zusammen, etwas Neues einzuführen und Bestehendes

---

[38] Schnyder, Peter: „Politik und Sprache in der Frühromantik. Zu Friedrich Schlegels Rezeption der Französischen Revolution", in: *Athenäum – Jahrbuch der Friedrich Schlegel-Gesellschaft* 9 (1999), S. 42f.

[39] Ueding, *Klassik und Romantik*, München 2008, S. 41

damit zu überwinden. Die Romantik erscheint im Denken und Handeln der Romantiker als Schlusspunkt einer historischen Entwicklung, die bisher nur als defizitär empfunden wird.

Die Frühromantik, die sich unserer zeitlichen Einteilung gemäß ab 1794 entwickelt, ist vor allem der Universitätsstadt Jena zuzuordnen. Daher findet sich als eine gängige Bezeichnung dieser Teilepoche auch der Begriff der „Jenaer Romantik". Die Universitätsstadt Jena wurde in den Jahren vor 1800 zum Ausgangspunkt einer neuen literarischen Bewegung. Das legendäre Jenaer Romantikertreffen im Herbst 1799 sollte ein für die moderne Literatur und Kunst, ja für das kulturelle Leben Europas bedeutsames Ereignis werden. Zu den Teilnehmern zählten unter anderem Friedrich Wilhelm Joseph Schelling, Friedrich von Hardenberg (Novalis), August Wilhelm und Friedrich Schlegel, Caroline Schlegel (spätere Schelling), Friedrich Daniel Ernst Schleiermacher, Ludwig Tieck und Dorothea Veit (spätere Schlegel) – damit die wesentlichen Denker der neuen Epoche.

Das Projekt „Jenaer Frühromantik" stellt die Bedeutung der Stadt für die Neubegründung einer literarischen Großströmung zusammenfassend dar:

> Die jungen Dichter, Literaturkritiker, Philosophen und Naturwissenschaftler kamen in eine Universitätsstadt, die trotz des kleinstädtischen Umfeldes zu einem Brennpunkt geistiger Bestrebungen in Deutschland geworden war. […] Auch Goethe verbrachte, zählt man die Tage, Wochen und Monate zusammen, mehr als fünf Jahre in Jena und widmete sich engagiert den Belangen der Stadt und Universität. Frei von höfischen Zwängen suchte er das anregende Gespräch mit Naturwissenschaftlern und Intellektuellen, insbesondere mit Schiller, den Humboldts, den Romantikern und dem Kreis um den Verleger Frommann. […] Friedrich Schlegel versuchte seinen Bruder August Wilhelm schon 1794 nach Jena zu locken [...]. Die geistige Ausstrahlungskraft der Universitätsstadt machte Jena zu recht neben Weimar in dieser Zeit zur zweiten literarischen Hauptstadt Deutschlands und wirkte anziehend auf die Gruppe von jungen Dichtern, Literaturkritikern, Philosophen und Naturwissenschaftlern die sich in

den Jahren von 1796 bis 1800 in Jena versammelte. Sie sollte zum Wegbereiter der Romantik in Deutschland werden.[40]

In Jena kommt alles zusammen, was zu dieser Zeit in der jüngsten Künstler- und Denkergenerationen Rang und Namen hat bzw. binnen kurzer Zeit Rang und Namen erhalten soll, um den wichtigsten Kreis der ganzen romantischen Bewegung zu bilden. Daraus lässt sich der Gedanke einer ‚Romantischen Schule' ableiten. Wie Wilhelm von Humboldt in seinem Satz formuliert, müsse die Poesie durch die Schule gewinnen und gewinne eben auch erst dadurch. Diese Schule als Keimzelle für die romantische Kunst befindet sich eben wiederum in Jena. In dem dort zusammengekommenen Kreis werden die grundlegenden Themen und Thesen der aufziehenden Romantik diskutiert, um einen Grundstock der Romantischen Schule zu bilden.

Es ist wichtig, die Begriffe ‚Zirkel' und ‚Schule' so zu verstehen, wie sie gemeint sind. Wir sprechen hierbei nicht von einer losen Zusammenkunft oder eines eher sporadischen Salons, sondern von einer spezifischen Entwicklungsform in einem konzentrierten regionalen Umfeld mit echten Anliegen und dem Wunsch, nachhaltig spürbaren Einfluss zu nehmen, ähnlich wie Weimar mit Goethe, Schiller und Wieland. Dadurch ist Weimar zum Zentrum der Klassik geworden und Jena wurde durch die Verdichtung der jungen Intellektuellen zum Zentrum der frühen Romantik als Ausgangspunkt für die gesamte neue Literatur- und Kunstepoche. Mit Gruppen wie dem eher unstrukturierten und nur auf Stefan George konzentrierten George-Kreis Ende des 19. Jahrhunderts oder dem Göttinger Hain als tendenziell undurchlässigem Freundeskreis um 1770 hat dies wenig zu tun; die Ankerpunkte dieser literarisch-gesellschaftlichen Gruppierungen sind weniger großangelegte Veränderungsprojekte als dezidierte Interessenlagen, ob an einer Person (George-Kreis) oder an einem sehr speziellen Denkmodell (Göttinger Hain[41]). Obgleich nicht institutionalisiert, ist die Jenaer Schule ein enorm wichtiger Ausweis für die dynamische Schaffenskraft einer Vereinigung von motivierten Intellektuellen und Dichtern, die damit

---

[40] https://www.romantik-jena.de/de/einblick/jenaer_fruehromantik/424738; Zugriff am 21. Juni 2019

[41] Vgl. Peters, Patrick: *Männer aus dem Hain. Studien zur Männlichkeitskonstruktion in der Lyrik der Göttinger Hainbündler.* Essen 2014

ihren Wert für die Neu- und Weiterentwicklung der Literatur belegen.

Das bedeutet: Jena ist als zweite literarische Hauptstadt Deutschlands in seiner Zeit der Ausgangspunkt für die Entwicklung der Romantik in Deutschland, in der Stadt entstehen innerhalb weniger Jahre einige der hochrangingen Werke der neuen Strömung. Novalis schrieb seine berühmte Rede über die *Christenheit und Europa*, philosophische Studien und geistliche Geschichten, Friedrich Schlegel seinen Roman *Lucinde* und seine Rede über die Mythologie, Ludwig Tieck einen großen Teil seiner Lyrik und August Wilhelm Schlegel seine großen Shakespeare-Übersetzungen; und natürlich wird auch das publizistische Organ der Jenaer Romantiker, die Zeitschrift *Athenäum*, innerhalb der Gruppe herausgegeben. Kurzum: Das, was zwischen 1799 und 1801 in Jena entsteht, ist im Kern Literaturgeschichte und Literaturkanon – und es ist zugleich auch die Basis für eine Vielzahl von Werken, die später durch die Mitglieder der Jenaer Gruppe entstehen sollten. Dazu kommt: Keines der anderen Zentren der romantischen Literatur, die sich in späterer Zeit entwickeln, kann es mit Jena und der Wirkungsmacht aufnehmen. Ohne Jena und die dort entwickelten Ideen wäre es vermutlich nicht zu Werken wie dem *Heinrich von Ofterdingen* von Novalis oder Tiecks späten Märchen, Novellen und Erzählungen gekommen, obgleich sie nicht mehr im unmittelbaren Kontext der Jenaer Schule entstehen. Die geistige Kraft, die sich in Jena um 1800 entwickelt hatte, strahlte weit über diese Phase hinaus und beeinflusste die Romantik erheblich. Die geistige Strahlkraft der Universitätsstadt Jena wirkte mehr als anziehend auf die Gruppe von jungen Dichtern, Literaturkritikern, Philosophen und Naturwissenschaftlern, die sich in den Jahren von 1796 bis 1800 an der Leutra versammelte. Die Stadt sollte damit zum Wegbereiter der Romantik in Deutschland und Vorbild für andere romantische ‚Ortsgruppen' werden, von Berlin bis Heidelberg.[42]

[42] Eine glänzende Betrachtung zum Geist Jenas um 1800 ist dem Philosophen und Schriftsteller Peter Neumann gelungen. In seinem Sachbuch *Jena 1800. Die Republik der freien Geister* (München 2018) spürt er den Dichtern und Denkern nach, stellt ihre Gruppierung, ihr Denken und Handeln in den historisch-gesellschaftlichen Kontext und bricht der Ansicht Bahn, dass in Jena zu dieser Zeit, in der Europa und die alte Ordnung durch die Französische Revolution und die Eroberungen Napoleons in Trümmern liegen, der geistige Aufbruch in die Moderne stattfindet. Wer unterhaltsam

III.I Novalis und die blaue Blume der Romantik

Der Name Friedrich von Hardenberg – in Gänze Georg Friedrich Philipp Freiherr von Hardenberg – ist heute nur noch Eingeweihten ein Begriff. Der Name Novalis hingegen nicht, er ist als einer der herausragenden Vertreter der Romantik überhaupt bekannt und gilt als wichtigster Dichter der Frühromantik. Daher wollen wir den Dichter auch bei seinem Literatennamen ‚Novalis' rufen und den bürgerlichen Namen nicht mehr verwenden – denn als Novalis ist der mitteldeutsche Aristokrat bekannt geworden und hat der Literaturgeschichte besondere Werke hinterlassen.

Der Sohn des aus altem Adel stammenden Bergfachmanns und späteren Salinendirektors Heinrich Ulrich Erasmus Freiherr von Hardenberg (1738 bis 1814) und seiner zweiten Frau Auguste Bernhardine von Hardenberg, geborene von Bölzig (1749 bis 1818), ist das Zweitälteste von elf Kindern und wird am 2. Mai 1772 auf Schloss Oberwiederstedt geboren. Schloss Oberwiederstedt ist ein ehemaliges Rittergut im Landkreis Mansfeld-Südharz, Sachsen-Anhalt und heute Sitz der Novalis-Forschungsstätte für Frühromantikforschung.

Seine Heimat hat Novalis (der seinen Künstlernamen von einem alten Geschlechternamen derer von Hardenberg herleitet) zeitlebens nicht verlassen. 1790 beginnt Novalis ein Jurastudium in Jena, das er 1794 abschließt, um dann zunächst in Tennstedt als Aktuarius (Schreiber) bei dem Kreisamtmann Coelestin August Just zu wirken, danach als Akzessist (ähnlich einem Beamten auf Probe) an der Lokalsalinendirektion in Weißenfels an der Saale, dem Ort, der seit 1785 zum Wohnort der Familie geworden war. 1797 folgt ein Studium an der Bergakademie in Freiberg, einer der zu dieser Zeit ersten Hochschuladressen für Naturwissenschaften. Damit nimmt Novalis eine familiäre Tradition auf und wird in dem Zuge schnell zum Salinenassessor und Mitglied des Salinendirektoriums ernannt. In dieser Funktion trägt er maßgeblich zur Erschließung der Braunkohlelagerstätten in der Gegend um den heutigen Tagebau Profen bei, da Braunkohle als Heizmaterial für die Salzpfannen der Salzwerke in Artern, Dürrenberg und Kösen benötigt wurde. Ende 1800 folgt dann die

---

und hochintelligent über Schlegel, Schelling, deren Frauen, Novalis, Fichte und Co. lesen will, kommt an *Jena 1800* kaum vorbei.

Bestellung zum Supernumerar-Amtshauptmann für den Thüringischen Kreis, eine Anwartschaft auf eine Beamtenstellung, die mit der eines heutigen Landrates vergleichbar ist. Eine fleißige Beamtenlaufbahn scheint dem erst 28-Jährigen vorherbestimmt und damit wohl eine typische Laufbahn für viele zeitgenössische, frühere und spätere Literaten, die es zu Ruhm gebracht haben oder noch bringen sollten.
Aber diese soll er nicht erleben, denn bereits 25. März 1801 um 13 Uhr stirbt Novalis mit nicht einmal 29 Jahren an einem Blutsturz infolge der „Schwindsucht" (Tuberkulose). Man geht allgemein davon aus, dass sich der Dichter bei der Pflege des schwerkranken Friedrich Schiller angesteckt hatte, der immerhin noch bis 1805 leben sollte. Novalis wird in Weißenfels auf dem Alten Friedhof beigesetzt.
Tragisch wie sein Tod sind auch seine Liebesbeziehungen. Seine erste Verlobte (Christiane Wilhelmine) Sophie von Kühn verstirbt schon 15-jährig nach schwerer Krankheit trotz drei schwerer Operationen (damals noch ohne Narkose). Diesen Verlust verarbeitet Novalis in zahlreichen seiner Werke, wie noch zu zeigen sein wird. Eine weitere Verlobung mit der Bergrats-Tochter Julie von Charpentier geht Novalis 1798 ein, aber auch diese soll nicht von echtem Glück beschieden sein: Der junge Mann stirbt vor der Hochzeit, Julie von Charpentier heiratet 1804 den ungarischen Adligen Karl Podmanitzky Freiherr von Aszód und Podmanin, den sie während seines Studiums in Freiberg kennenlernt, und verstirbt schließlich 1811 in Schemnitz mit 35 Jahren. Alles in allem also eine tragische Biografie.

III.I.1 *Heinrich von Ofterdingen*

Aufgrund der kurzen Lebenszeit war es Novalis nicht vergönnt, sich äußerst produktiv literarisch zu betätigen. Aber das, was er uns hinterlassen hat, dürfen wir getrost als großen Beitrag zur deutschsprachigen Literatur bezeichnen. Der *Heinrich von Ofterdingen* ist ein Fragment gebliebener Roman von Novalis, der im Laufe des Jahres 1800 entstand und erst 1802 postum von Friedrich Schlegel veröffentlicht wurde. Es ist neben *Die Lehrlinge zu Sais* (ebenfalls posthum von Friedrich Schlegel und Ludwig Tieck herausgegeben) Novalis' zweites Romanfragment.
Das Fragment muss man in diesem Kontext nicht wörtlich als

unvollendetes ‚Bruchstück‘ verstehen, sondern es darf durchaus als poetische Eigenart der Frühromantik gelten. Das Fragment avanciert hier zur literarischen Gattung. So muss ein guter Roman laut Friedrich Schlegel Fragment bleiben, wie es im „Athenäums-Fragment Nr. 116“ über die schon mehrfach benannte progressive Universalpoesie hergeleitet wird. Das „Athenäums-Fragment Nr. 116“ selbst gilt als das berühmteste Fragment der Frühromantik, der Begriff folgt dem Ansatz des „Symphilosophieren“, also des gemeinsamen Gedankenaustausches, der die Grenzen von strenger Wissenschaft und Poesie sprengen soll. Zu diesem Symphilosophieren also sollen Fragmente anregen, indem die literarische bzw. intellektuelle Produktion als gesellig-gemeinschaftlicher Akt angesehen wird.[43]
Die Handlung des wirklich lesenswerten und berührenden Romans ist leicht widergegeben. Heinrich, der um 1800 als reale, historische Gestalt und als mittelalterlicher Dichter gesehen und mit dem sagenhaften Sängerkrieg auf der Wartburg, an dem neben ihm auch Walther von der Vogelweide, Wolfram von Eschenbach und andere teilgenommen haben sollen, in Verbindung gebracht worden war, wächst im thüringischen Eisenach als Sohn bürgerlicher Eltern auf. Die Idee des Romans hat Novalis in alten Chroniken gefunden. In verschiedenen Quellen wird Heinrich von Ofterdingen in der Schreibweise ‚Afterdingen‘ als mittelalterlicher Dichter vorgestellt; erst Ludwig Tieck und Friedrich Schlegel haben das große „O“ im Nachnamen eingeführt.
Die Handlung setzt ein, als Heinrich 20 Jahre alt ist und seine Mutter ihn mit auf eine Reise nach Augsburg nimmt, um Heinrichs Großvater mütterlicherseits zu besuchen. Die folgenden Kapitel stellen nun die unterschiedlichen Erfahrungen Heinrichs mit den verschiedensten Bereichen der Welt dar. Durch diese Reise soll sich erst die Vielfalt der Welt für Heinrich eröffnen und dazu beitragen, seinen Geist für die Poesie zu öffnen, unter anderem durch die Sage des Sängers Arion (einem griechischer Sänger und Dichter im siebten Jahrhundert vor Christus), die zugleich eine Absage an die Habgier und die Welt des Besitzes ist, und ein Märchen über das sagenhafte Reich Atlantis. Ebenso lernt Heinrich bei einem alten Kriegsmann die Idee der Kreuz-

[43] Das hat es gut 25 Jahre zuvor schon einmal in der Dichtergruppe Göttinger Hain gegeben, damals als ‚kollektive Autorschaft‘ bezeichnet.

züge kennen und begeistert sich für diese, ein Einsiedler, der Graf von Hohenzollern, weckt dann sein Interesse für Geschichte und Geschichtsschreibung. Bei seinem Großvater in Augsburg schließlich lernt Heinrich den Dichter Klingsohr (eigentlich eine Zauberergestalt der mittelhochdeutschen Literatur) und dessen Tochter Mathilde kennen. Klingsohr öffnet ihm die Welt der Poesie und willigt ein, Heinrich als Schüler anzunehmen, woraus die Liebesverbindung zu Mathilde hervorgeht. Hier ist Klingsohr also ein väterlicher Dichter-Mentor des jungen Heinrich, wohingegen er in Wolframs von Eschenbachs mittelalterlichem Versroman *Parzival* aus dem 13. Jahrhundert, in dem er in die deutschsprachige Literatur eingeführt wird, das Böse an sich verkörpert. Der erste Teil des Romans endet mit einem allegorischen Märchen Klingsohrs, dessen Stil, Figuren und Handlung zum Teil an Goethes „Märchen" (1795, in *Unterhaltungen deutscher Ausgewanderten*) erinnern und das in einer Beziehungs- und Reifungsgeschichte die Utopie der Welterlösung durch Poesie und Liebe zeigt. Es führt in ein goldenes Zeitalter ein, in dem eins in Allem und alles in Einem sein soll. Klingsohrs Umdeutung vom magiebegabten Bösewicht zum freundlichen Mentor ist ein interessanter Kunstgriff Novalis', dem die Rolle Klingsohrs bei Wolfram von Eschenbach sicherlich bekannt war. Dort der Magier, dessen Zauberschloss die Welt der dunklen Kräfte repräsentiert, hier der poetische Geist, der den jungen Heinrich auf den Weg der Poesie rückt und damit die Befreiung der Welt und den Aufbruch in ein goldenes Zeitalter ermöglicht. Klingsohr wird zum Botschafter dieses neuen Zeitalters, Heinrich sein Adept.

Zu Beginn des zweiten Teils hat Heinrich seine Mathilde verloren (wovon Heinrich bereits in der Eingangssequenz des Romans geträumt hatte) und wird später von der Tochter des Einsiedler-Grafen von Hohenzollern zu einem weiteren alten Einsiedler, dem Arzt Sylvester, geführt. Dieser berichtet von der Sprache der Natur in Blumen und Pflanzen und wie das Märchen vom goldenen Zeitalter. Danach bricht der Roman ab.

Das grundsätzliche Thema des Romans ist die Poesie im weiteren, romantischen Sinne einer Poesie des Lebens, und Novalis selbst hat den Zielpunkt des Romans als „Apotheose der Poesie" bezeichnet, also als die ‚Vergöttlichung' der Poesie. Novalis wollte durch die Poesie eine bessere Welt darstellen und herstellen –

eben das goldene Zeitalter. Der romantische Grundgedanke, dass Leben und Kunst aufeinander verweisen und sich wechselseitig fordern, ist darin erkennbar. Die „Romantisierung" der Welt verändere diese im Hinblick auf die Durchsichtigkeit ihres „Wesens": „Das Ziel des Romans ist demnach ein doppeltes: indem er die Welt darstellt in ihrer Veränderung, zeigt er die Poesie in ihrer Entstehung. So sollen Welt und Poesie ineinander übergehen."[44] Dafür wählt Novalis das Mittelalter als ein positives, poetisches Gegenbild zu seiner eigenen Zeit, die er als prosaisch und zweckorientiert empfindet. Das Mittelalter ist zwar nicht das gelobte ‚goldene Zeitalter', aber es ist die Schwelle dorthin – eben weil das Mittelalter Heimat und Zeitalter der Poesie ist. Dass der Roman aus dem Mittelalter in das goldene Zeitalter hinausführen soll, zeigt nicht zuletzt die Figur des Klingsohr, der diesen Übertritt erst in Gang setzt, in seiner Ursprungsversion aber eben das ‚dunkle' Mittelalter vertritt. Klingsohr ist für Novalis der Torwächter zwischen den Welten, durch den sich Heinrich emanzipieren und von der bekannten Welt lösen kann.

Novalis' Krankheit und Tod verhinderten die Fertigstellung des Romans. Vollendet sind der erste Teil und ein Teil des Anfangskapitels des zweiten Teils, aber aufgrund zahlreicher überlieferter Notizen Hardenbergs ist die geplante Fortführung des Romans relativ gut nachvollziehbar. Ebenfalls aufschlussreich ist ein Bericht Ludwig Tiecks über die Fortsetzung, den dieser aus den persönlichen Gesprächen mit Novalis und aus dessen Briefen und Hinterlassenschaften konstruiert hat: „Ich will den Versuch machen, so viel es mir aus Gesprächen mit meinem Freunde erinnerlich ist, und so viel ich aus seinen hinterlassenen Papieren ersehen kann, dem Leser einen Begriff von dem Plan und dem Inhalte des zweiten Teils dieses Werkes zu verschaffen."[45]
Sehr spannend ist der sich daran anschließende Kommentar des Dichterfreundes Tieck zur Grundkonzeption des *Heinrich von Ofterdingen*:

[44] Bahr, *Geschichte der deutschen Literatur, Band 2*, Tübingen und Basel 1998, S. 366
[45] Novalis: *Heinrich von Ofterdingen*. Herausgegeben von Wolfgang Frühwald. Stuttgart 1987, S. 177

> Dem Dichter [Novalis; Verf.], welcher das Wesen seiner Kunst im Mittelpunkt ergriffen hat, erscheint nichts widersprechend und fremd, ihm sind die Rätsel gelöst, durch die Magie der Phantasie kann er alle Zeitalter und Welten verknüpfen, die Wunder verschwinden und alles verwandelt sich in Wunder: so ist dieses Buch gedichtet, und besonders findet der Leser in dem Märchen, welches den ersten Teil beschließt, die kühnsten Verknüpfungen: hier sind alle Unterschiede aufgehoben, durch welche Zeitalter voneinander getrennt erscheinen, und eine Welt der andern als feindselig begegnet. Durch dieses Märchen wollte sich der Dichter hauptsächlich den Übergang zum zweiten Teile machen, in welchem die Geschichte unaufhörlich aus dem Gewöhnlichsten in das Wundervollste überschweift, und sich beides gegenseitig erklärt und ergänzt [...].[46]

Kurzum bedeutet das, auch in Kombination mit dem mittelalterlichen Setting: Der *Heinrich von Ofterdingen* kann durchaus als Beitrag zur Universalpoesie gelesen und verstanden werden, eben weil er das Leben und die Welt in ihrer ganzen Vielfalt und in ihrer räumlichen, zeitlichen und seelischen Dimension darstellt, das im goldenen Zeitalter seinen ultimativen und idealen Kulminationspunkt findet. Die Poesie führt laut Novalis in dieses Zeitalter. Diese Wirkung und Bedeutung der Poesie darzustellen, ist das Ziel des Romans, der damit auch ein Grundlagenroman der frühen Romantik ist und zusammenfasst, was die Romantik uns sagen will.

Das ist – vor allem grob – schon eine ganze Menge Bedeutung für einen nicht einmal vollendeten Roman. Aber was uns Novalis wirklich mit seinem *Heinrich von Ofterdingen* geschenkt hat, haben wir bislang außen vorgelassen: Die Rede ist von der ‚blauen Blume'[47] der Romantik. Novalis war der erste Dichter, der dieses Bild verwendet hatte – noch ein deutliches Zeichen dafür,

[46] Novalis: *Heinrich von Ofterdingen.* Herausgegeben von Wolfgang Frühwald. Stuttgart 1987, S. 178

[47] Als reale Vorbilder der blauen Blume werden im übrigen oft heimische Pflanzen angesehen, in Mitteleuropa etwa die Kornblume oder die Wegwarte. Novalis selbst spricht vom blauen Heliotrop (Heliotropium), einer Pflanzengattung in der Unterfamilie Heliotropioideae innerhalb der Familie der Raublattgewächse. Auch als Sonnenwenden bekannt ist der Heliotrop weltweit in tropischen und gemäßigten Zonen verbreitet.

dass der *Ofterdingen* nicht nur ästhetischen Ansprüchen genügen soll, sondern eben auch den poetologisch-theoretischen der Romantik. Novalis führt nicht weniger als *das* wesentliche Symbol der Romantik in die Literatur ein. Wer den Roman liest, liest damit ein Werk vergleichbar Friedrich Maximilian Klingers Drama *Sturm und Drang*, das der Epoche ihren einprägsamen Rahmen gab, oder Goethes *Iphigenie auf Tauris*, die das Menschenideal der Weimarer Klassik vorstellt: Der Leser erkennt, was die Romantik bewegt und ausmacht.

> Die Eltern lagen schon und schliefen, die Wanduhr schlug ihren einförmigen Takt, vor den klappernden Fenstern sauste der Wind; abwechselnd wurde die Stube hell von dem Schimmer des Mondes. Der Jüngling lag unruhig auf seinem Lager, und gedachte des Fremden und seiner Erzählungen. „Nicht die Schätze sind es, die ein so unaussprechliches Verlangen in mir geweckt haben", sagte er zu sich selbst; „fern ab liegt mir alle Habsucht: aber die blaue Blume sehn' ich mich zu erblicken. Sie liegt mir unaufhörlich im Sinn, und ich kann nichts anders dichten und denken. So ist mir noch nie zumute gewesen: es ist, als hätt ich vorhin geträumt, oder ich wäre in eine andere Welt hinübergeschlummert; denn in der Welt, in der ich sonst lebte, wer hätte da sich um Blumen bekümmert, und gar von einer so seltsamen Leidenschaft für eine Blume hab' ich damals nie gehört. Wo eigentlich nur der Fremde herkam? Keiner von uns hat je einen ähnlichen Menschen gesehn; doch weiß ich nicht, warum nur ich von seinen Reden so ergriffen worden bin; die andern haben ja das nämliche gehört, und Keinem ist so etwas begegnet. Daß ich auch nicht einmal von meinem wunderlichen Zustande reden kann! Es ist mir oft so entzückend wohl, und nur dann, wenn ich die Blume nicht recht gegenwärtig habe, befällt mich so ein tiefes, inniges Treiben: das kann und wird keiner verstehn. Ich glaubte, ich wäre wahnsinnig, wenn ich nicht so klar und hell sähe und dächte, mir ist seitdem alles viel bekannter. Ich hörte einst von alten Zeiten reden; wie da die Tiere und Bäume und Felsen mit den Menschen gesprochen hätten. Mir ist grade so, als wollten sie allaugenblicklich anfangen, und als könnte ich es ihnen ansehen, was sie mir sagen wollten. Es muß noch viel Worte geben, die ich nicht

> weiß: wüßte ich mehr, so könnte ich viel besser alles begreifen. Sonst tanzte ich gern; jetzt denke ich lieber nach der Musik.[48]

Die blaue Blume ist das herausragende Symbol der Romantik und der Inbegriff aller romantischen Sehnsucht nach dem Unendlichen und zugleich Unerreichbaren und Unbedingten. Gero von Wilpert fasst die blaue Blume als Zeichen für das „entgrenzende[.] Erlebnis des All-Einen als Ziel von Leben und Kunst" und als „fast sakrale Losung" der Romantik.[49] Die blaue Blume ist weiterhin das Symbol für die Poetisierung des Lebens durch Vereinigung von Geist und Natur, Endlichkeit und Unendlichkeit, Vergangenheit und Gegenwart und deren Durchdringung mit dichterischen Kräften in freischöpferische Poesie. Die poetische Lebensform sei wichtiger als die Form des Kunstwerks, das ohnehin immer nur übersteigerte Sehnsucht und ewiges Streben sein könne.[50] In späteren Phasen der Romantik sollte die blaue Blume zusätzlich zu diesen Aspekten auch für die Sehnsucht nach der Ferne und als Symbol der Wanderschaft stehen.
Wichtig für das Verständnis der blauen Blume im *Heinrich von Ofterdingen* ist der sich an diese Schilderung anschließende Traum Heinrichs:

> Berauscht von Entzücken und doch jedes Eindrucks bewußt, schwamm er gemach dem leuchtenden Strome nach, der aus dem Becken in den Felsen hineinfloß. Eine Art von süßem Schlummer befiel ihn, in welchem er unbeschreibliche Begebenheiten träumte, und woraus ihn eine andere Erleuchtung weckte. Er fand sich auf einem weichen Rasen am Rande einer Quelle, die in die Luft hinausquoll und sich darin zu verzehren schien. Dunkelblaue Felsen mit bunten Adern erhoben sich in einiger Entfernung; das Tageslicht [,] das ihn umgab, war heller und milder als das gewöhnliche, der Himmel war schwarzblau und völlig rein. Was ihn aber mit voller Macht anzog, war eine hohe lichtblaue Blume, die zunächst

---

[48] Novalis: *Heinrich von Ofterdingen.* Herausgegeben von Wolfgang Frühwald. Stuttgart 1987, S. 9
[49] Wilpert, Gero von: *Sachwörterbuch der Literatur.* 8., verbesserte und erweiterte Auflage. Stuttgart 2001, S. 95
[50] Ebd., S. 704

an der Quelle stand, und ihn mit ihren breiten, glänzenden Blättern berührte. Rund um sie her standen unzählige Blumen von allen Farben, und der köstlichste Geruch erfüllte die Luft. Er sah nichts als die blaue Blume, und betrachtete sie lange mit unnennbarer Zärtlichkeit. Endlich wollte er sich ihr nähern, als sie auf einmal sich zu bewegen und zu verändern anfing; die Blätter wurden glänzender und schmiegten sich an den wachsenden Stengel, die Blume neigte sich nach ihm zu, und die Blütenblätter zeigten einen blauen ausgebreiteten Kragen, in welchem ein zartes Gesicht schwebte.[51]

Gerhard Schulz, einer der herausragenden Novalis-Spezialisten, hat in seiner Novalis-Biografie eine Deutung des Traums vorgelegt, der viel ausladender ist, als es hier zitiert werden könnte: Heinrich klettert über „bemooste Steine", die Wände einer unterirdischen Höhle sind mit einer „Flüssigkeit" überzogen, und schließlich steigt Heinrich vollständig entkleidet in ein „Becken, das mit unendlichen Farben wogte und zitterte", wo „himmlische Empfindungen sein Inneres" überströmen, „innige[.] Wollust" ihn überkommt, „jede Welle des zärtlichen Elements [...] sich wie ein zarter Busen" an ihn schmiegte und die „Flut [...] ihm eine Auflösung reizender Mädchen [scheint], die an dem Jünglinge sich augenblicklich verkörperten"[52].
Für Schulz suggeriert diese Schilderung eindeutig den Vergleich zum inneren Organ des weiblichen Schoßes (was kaum Widerspruch erregen sollte), und er schreibt: „Heinrichs Traum ist ein Modellfall für die Analyse psychischer Vorgänge. Phantasiebilder der Zeugung verbinden sich mit solchen von der Neugeburt, und als sich die Geliebte dem Träumenden zuneigt, erscheint die Mutter."[53] In der blauen Blume verschmelzen Dichtung und Liebe: Heinrich von Ofterdingen wird von Klingsohrs in die Geheimnisse der Poesie eingeweiht und verliebt sich in Mathilde.
Dass Heinrichs Vater die blaue Blume auch aus einem Traum kannte, aber diese bei ihm keinen tieferen Eindruck hinterlassen hatte, bestärkt die Ansicht nur, dass die Pflanze den Weg zu ei-

[51] Novalis: *Heinrich von Ofterdingen.* Herausgegeben von Wolfgang Frühwald. Stuttgart 1987, S. 11f.
[52] Ebd., S. 10f.
[53] Schulz, Gerhard: *Novalis. Leben und Werk Friedrich von Hardenbergs.* München 2011, S. 181

ner poetisierten Welt eröffnen soll. Heinrichs Vater ist ein prosaischer, fleißiger, biederer Handwerker, der es zu etwas gebracht hat im Leben, aber von der Poesie überhaupt nicht beseelt ist. Er ist immer der brave Handwerker geblieben, während sein Sohn sich zum Dichter berufen fühlt und sich durch die blaue Blume auf den Weg leiten lässt. Später werden diese Figuren auch als „Philister" bezeichnet, als ‚unromantische' Spießer, die keinen Zugang zum romantischen Dasein finden (und auch gar nicht erst finden wollen), sich lieber auf biederes Erwerbsleben und Familiensinn konzentrieren und eine gesicherte Existenz als ultimative Lebensform ansehen. Heinrich will und wird sich aber zum Gegenteil entwickeln. Der Traum und die absolute Fokussierung auf die blaue Blume ist der frühe Beleg dafür.
Novalis hat uns mit dem *Heinrich von Ofterdingen* einen romantischen Musterroman hinterlassen; inhaltlich, weil er die romantische Welt in allen ihren Facetten vorzeichnet, poetisch, weil er als Fragment und in Kombination von Prosa und Lyrik das abbildet, was das romantische Kunstverständnis ausmacht. Der *Heinrich von Ofterdingen* ist literarischer Startpunkt der Bewegung, indem Novalis seinen Helden zum Inbegriff eines poetischen Genies stilisiert und die Poesie als integralen Teil menschlichen Handelns darstellt. Das erinnert doch an die romantische Universalpoesie, die sich im *Heinrich von Ofterdingen* erstmals Bahn bricht:

> Sie will und soll auch Poesie und Prosa, Genialität und Kritik, Kunstpoesie und Naturpoesie bald mischen, bald verschmelzen, die Poesie lebendig und gesellig und das Leben und die Gesellschaft poetisch machen, den Witz poetisieren und die Formen der Kunst mit gediegnem Bildungsstoff jeder Art anfüllen und sättigen [...].[54]

III.I.2 *Hymnen an die Nacht*

Hymnen an die Nacht ist der Titel eines Gedichtzyklus von Novalis. Der Zyklus wurde zuerst 1800 in der letzten Ausgabe der Zeitschrift Athenäum veröffentlicht und besteht aus sechs Hymnen. Der Zyklus ist das einzige größere Werk, das zu Novalis'

---

[54] *Kritische Friedrich-Schlegel-Ausgabe*, Band 2, 1962 S. 181

Lebzeiten veröffentlicht und von ihm fertiggestellt wurde. Sie werden zusammen mit seinen *Geistlichen Liedern* als Höhepunkt seiner Lyrik angesehen und gelten als die bedeutendste Dichtung der Frühromantik. Ein Grund dafür: Novalis kombiniert in seinem Werk Vers und Prosa und schafft es auf diese Weise, „Ideen, Empfindungen, Erfahrungen" zu artikulieren und seinem Verständnis von Poetik und der Aufgabe der Literatur Ausdruck zu verleihen: nämlich „Inneres aus[zu]sagen", was laut Gerhard Schulz nichts anderes bedeutet, als das „Vorrecht von Bewußtsein und Gefühlskraft über das Äußere der Form zu behaupten".[55]

Sprecher der Hymnen ist natürlich nicht Novalis selbst, sondern ein lyrisches, ein ästhetisches Ich. Aber es ist breit nachgewiesen, dass die Hymnen viele autobiographische Elemente beinhalten, sodass eine tendenziell autobiographische Lesart begünstigt werden kann. Die *Hymnen* gelten daher gewissermaßen als Ausdruck der Ereignisse und Entwicklungen im Leben Hardenbergs zwischen 1797 und 1800. Zu den relevanten Lebensdaten dieser Zeit gehören vor allem der Tod Sophie von Kühns, die Verlobung mit Julie von Charpentier, die Studienzeit an der Freiberger Bergakademie, gedankliche Auseinandersetzungen mit den Zusammenhängen zwischen Geist und Natur und vielfältige Überlegungen über die Natur. Wie Gerhard Schulz schreibt, habe Novalis

> natürlich von sich selbst gesprochen, aber dieses Selbst konstituiert sich in sehr viel mehr als einer biographischen Erfahrung. Gedanken aus vielfältigen Beschäftigungen mit Philosophie, Geschichte, Ästhetik und den Naturwissenschaften sind in seine Gedichte ebenso eingegangen wie der ganze, nicht nur durch äußere Tatsachen auslösbare Empfindungsreichtum einer empfindsamen Persönlichkeit, und dazu noch bewußtes oder manchmal auch nur unterbewußtes Ansprechen auf literarische und sprachliche Traditionen.[56]

Der Text kann in drei Teile zu je zwei Hymnen gegliedert werden. Die drei Zyklen sind als Steigerung angelegt, sodass auf jeder Stufe eine höhere Ebene der Erfahrung und des Wissens er-

[55] Schulz, *Novalis*, S. 235
[56] Ebd., S. 236

reicht wird. In jedem der Zyklen herrscht das gleiche Grundmuster vor: Die jeweils ersten Hymnen beschreiben die Entwicklung vom Leben im glücklichen, irdischen Reich des Lichts über eine Phase der schmerzhaften Entfremdung zur Befreiung in der ewigen Nacht. Die jeweils zweiten Hymnen schildern das ernüchternde Aufwachen und die Sehnsucht nach der Rückkehr zu dieser Vision.
Es ist wichtig, einen Eindruck von der Kraft der Hymnen zu erhalten, die in zweiten Versionen existieren. Die erste – eine handschriftliche Fassung – wurde an der Wende 1799/1800 geschrieben und ist in Versen abgefasst. Die Druckfassung – die zweite Fassung –, entstand wenig später, nämlich Ende Januar/Anfang Februar 1800. Sie ist größtenteils in rhythmisierter Prosa geschrieben, enthält jedoch auch Verspassagen. Diese Prosafassung wurde von Novalis selbst als Druckfassung ausgewählt und kann daher als die endgültige, näher an seinen Absichten liegende Gestaltung gesehen werden.

> Welcher Lebendige, Sinnbegabte, liebt nicht vor allen Wundererscheinungen des verbreiteten Raums um ihn, das allerfreuliche Licht – mit seinen Farben, seinen Stralen und Wogen; seiner milden Allgegenwart, als weckender Tag. Wie des Lebens innerste Seele athmet es der rastlosen Gestirne Riesenwelt, und schwimmt tanzend in seiner blauen Flut – athmet es der funkelnde, ewigruhende Stein, die sinnige, saugende Pflanze, und das wilde, brennende, vielgestaltete Thier – vor allen aber der herrliche Fremdling mit den sinnvollen Augen, dem schwebenden Gange, und den zartgeschlossenen, tonreichen Lippen. Wie ein König der irdischen Natur ruft es jede Kraft zu zahllosen Verwandlungen, knüpft und löst unendliche Bündnisse, hängt sein himmlisches Bild jedem irdischen Wesen um. – Seine Gegenwart allein offenbart die Wunderherrlichkeit der Reiche der Welt.
>
> Abwärts wend ich mich zu der heiligen, unaussprechlichen, geheimnißvollen Nacht. Fernab liegt die Welt – in eine tiefe Gruft versenkt – wüst und einsam ist ihre Stelle. In den Sayten der Brust weht tiefe Wehmuth. In Thautropfen will ich hinuntersinken und mit der Asche mich vermischen. – Fernen der Erinnerung, Wünsche der Jugend, der Kindheit

> Träume, des ganzen langen Lebens kurze Freuden und vergebliche Hoffnungen kommen in grauen Kleidern, wie Abendnebel nach der Sonne Untergang. In andern Räumen schlug die lustigen Gezelte das Licht auf. Sollte es nie zu seinen Kindern wiederkommen, die mit der Unschuld Glauben seiner harren?[57]

Dieser Ausschnitt kann exemplarisch für die *Hymnen an die Nacht* gelesen werden. Sie erstrecken sich über verschiedene Ebenen und fassen das gesamte Denken Novalis' im Sinne der Romantik ein. Der Widerspruch von Hell und Dunkel, von Tag und Nacht ist ein Zentralmotiv romantischen Denkens. Der „Gegensatz von Begrenztheit, von Sagbarem und Unaussprechlichem, von Irdischem und Heiligem"[58] wird dabei als der Kern der Dichtung überhaupt eingeführt, die erhebliche religiöse Implikationen besitzt. „Ihr Thema ist die Überwindung des Todes im Bewußtsein, denn an der physischen Tatsache des Lebensendes führt kein Weg vorbei."[59] Während am Tag Begriffe wie Kraft und Herrlichkeit im Fokus stehen und eine deutliche Lebendigkeit und Bewegung vorherrschen, steht die Nacht für eine eigene Welt in einer völlig anderen Konstellation und Atmosphäre. Aus der offenen Struktur des Tages entsteht die geschlossene Struktur der Nacht, die einen Schleier über die Themen des Tages legt. „Wünsche der Jugend, der Kindheit Träume" verschwinden unter den „grauen Kleidern" der Nacht und zeigen so die Dialektik von Licht und Dunkelheit sowie die verschiedenen Implikationen und Ebenen der Tageszeiten und damit auch der beiden Gefühlswelten. Das lyrische Ich lässt die Leser an dieser Transition teilhaben, indem es seine Versenkung von oben (Tag) nach unten (Nacht) darstellt und seiner „tiefen Wehmuth" gegenüber dem schwindenden Tag Ausdruck verleiht. Die Abkehr des Tages wird betrauert, und es erscheint dem lyrischen Ich, als sei das Licht für immer verloren. In der Stille und Dunkelheit der Nacht wird der verlorene Tag umso deutlicher. Nichtsdestotrotz wird die Nacht nicht als schlecht aufgefasst. Sie gilt dem Ich als heilig, unaussprechlich und geheimnisvoll und erhält da-

[57] *Novalis: Schriften. Die Werke Friedrich von Hardenbergs.* Herausgegeben von Richard Samuel. Stuttgart 1960–1977. Band 1, S. 131
[58] Meier, *Klassik – Romantik*, S. 183
[59] Schulz, *Novalis*, S. 237

mit fast mystische Merkmale, die sie wiederum vom lichten, freundlichen Tag absetzen. Was der Nacht an Helligkeit fehlt, fehlt dem Tag an Geheimnis und Heiligkeit. Daher besteht die Welt immer aus diesen beiden Elementen.

Nicht zu vergessen sind die religiösen Dimensionen der *Hymnen*. Für Novalis verbürgt die „Verborgenheit Gottes die Erlösung". Er gibt sich – als pietistischer Protestant – katholischer Marienmystik hin und präsentiert im „Medium christlicher Unsterblichkeitshoffnung [...], was dem Altertum versagt war: die Überwindung des Todes."[60] Und in der fünften Hymne wird der antiken Todesnot das Opfer Christi gegenübergestellt, der „des alten Todes Schrecken" überwindet und „Erwacht in neuer Götterherrlichkeit [...] die Höhe der neugebornen Welt"[61] ersteigt. Das ist natürlich ein ganz deutlicher Verweis auf die christliche Auferstehungsgeschichte, wie er sich in der heutigen österlichen Liturgie beispielsweise im Lied „Erschalle Laut, Triumphgesang!" wiederfindet: „Uns schreckt nun nicht des Todesnacht, / vor der die Väter einst erbebet: / denn der am Kreuze starb, er lebet / und hat das Leben uns gebracht, / und Todesfurcht ist nicht mehr da. Halleluja."

Auch wenn Gerhard Schulz herausstellt, dass die *Hymen an die Nacht* mit „Gottverlassenheit, Gottsuche oder Gottbekenntnis der religiösen Dichtung des Barock" oder mit der „Sündenzerknirschung und Weltverneinung, die aus den Texten mancher Passionen und Kantaten Bachs aufklingt"[62] kaum etwas zu tun haben, lässt sich der starke christliche Impetus der Gedichtsammlung nicht wegdiskutieren. Novalis verbindet frühromantisches Denken und christliche Haltung zu einem lyrischen Text, dessen nähere Beschäftigung lohnt und der hier nur ‚angekratzt' werden kann.[63]

[60] Meier, *Klassik – Romantik*, S. 183ff.
[61] Samuel, *Novalis: Schriften*, S. 145f.
[62] Schulz, *Novalis*, S. 237
[63] Die *Hymnen an die Nacht* besitzen eine erhebliche inhaltliche Tiefe und müssen über verschiedene Ebenen hinweg interpretiert werden, von den erotischen Implikationen, den Schilderungen rauschhafter Zustände und dem Rekurs auf die zeitgenössische Philosophie bis hin zu den literarischen Vorbildern etwa bei Dante Alighieri, dem Dichter der *Göttlichen Komödie*.

III.II Die Brüder Schlegel: Die Theoretiker der Romantik

Die Überschrift des Kapitels kann Angst und Bange machen: die „Theoretiker der Romantik“, also schon wieder Theorie? Nein, die Überschrift beschreibt mehr die Rolle der Brüder August Wilhelm und Friedrich Schlegel als den Inhalt des Kapitels. Es geht kaum noch um literarhistorische Theorie, Poetik und Poetologie, sondern darum, das Denken und Wirken der berühmten Brüder und ihre Rolle für die Romantik im Speziellen und die deutsche Geistesgeschichte im Allgemeinen nachzuvollziehen. Die Brüder Schlegel gelten die wichtigsten Vertreter der „Jenaer Frühromantik“. Beide waren nicht nur Schriftsteller, sondern auch Literatur- und Kunstkritiker, Historiker und Philologen. Friedrich Schlegel, der sicherlich berühmtere der Brüder, gilt als Pionier der Sprachtypologie und bahnbrechender Indologe, ohne dass er jemals in Indien war. Seine Monographie *Über die Sprache und Weisheit der Indier* lenkte große Aufmerksamkeit auf Indien. Und August Wilhelm wiederum wird als Hauptleistung die Übersetzung von 17 der Stücke William Shakespeares zugeschrieben. Diese Übersetzungen gelten bis heute als Standardübersetzungen im Deutschen, obgleich seine eigenen literarischen Werke weitgehend ohne Erfolg geblieben sind.

Nachhaltig beeindruckt haben die Brüder mit ihrer Zeitschrift *Athenaeum*. Zwischen 1798 und 1800 erschienen insgesamt sechs Hefte. Es bildete das zentrale literarische Organ der Frühromantik in Jena. Neben Friedrich und August Wilhelm Schlegel verfassten zum Teil heute noch bekannte Namen wie Dorothea Schlegel, Caroline Schlegel, Novalis, August Ferdinand Bernhardi, Sophie Bernhardi, Friedrich Daniel Ernst Schleiermacher, August Ludwig Hülsen oder auch Karl Gustav Brinckmann Beiträge für die *Athenaeum*. Neben dem bereits mehrfach genannten Fragment, das die romantische Universalpoesie beschreibt, entwickelt Friedrich Schlegel in seiner Zeitschrift unter anderem den Gedanken des Prozesses der Poetisierung als den Motor der Geschichte. Für Schlegel stellt die romantische Poesie eine endlose Geschichte dar, die sich aber von der historischen Realität weit entfernt hat – insbesondere weil diese historische Realität ohne gesellschaftliche Verbindlichkeit in moralischen Fragen auskommt. Diese Position fällt zusammen mit der Erkenntnis, dass es in Deutschland, anders als in Frankreich, nicht zu einer Revolution und damit zu einer Aufwertung des Bürgertums als Träger der Moral kommen wird.

Auf der anderen Seite aber ist Friedrich Schlegel auch als Literat anerkannt; die Leistungen August Wilhelms als poetischer Schriftsteller dürfen hingegen leider kaum als unterbewertet gelten. Mit seinem Roman *Lucinde*, erschienen 1799 als erster Teil eines vierteiligen Romanprojektes, hat Friedrich Schlegel seinen Ruf als Begründer und Vordenker der frühromantischen Philosophie und Literaturtheorie gefestigt und war angetreten, sein frühromantisches Romankonzept zu artikulieren. Somit ist die *Lucinde* ein ‚role model' im Sinne der frühromantischen progressiven Universalpoesie und zeichnet sich durch eine gattungsüberschreitende Offenheit aus. Kurz gesagt ist die *Lucinde* die Materialisierung der komplexen Theorie romantischer Romanpoesie, und Schlegel wollte diese selbst in einem romantischen Roman darstellen.
Der Roman lässt sich inhaltlich nicht wirklich sinnvoll zusammenfassen und folgt eher theoretischen Prämissen, die die romantische Poetik abbilden sollten. Schlegel vollführt damit die finale Wendung zur Romantik, die er erst über das Medium des Romans wirklich auslebt und den er schließlich (nachdem er nicht mehr von der Antike als Leitepoche umfangen war) als die höchste und umfassendste Form des neuen Systems ansah.
Der Text verfolgt daher auch keine epische Erzählung, sondern bietet den Lesern die Stimmungen und Reflexionen der Hauptfigur Julius und beschreibt in Briefen, Dialogen, Aphorismen, Tagebucheinträgen und anderen literarischen Formen die Liebe von Julius und Lucinde. Das Buch besteht aus 13 Teilen und einem Prolog. Jeweils sechs kurze, fragmentarische Textstücke gruppieren sich um den in der dritten Person erzählten Mittelteil. Die anderen zwölf Textstücke entsprechen sich einerseits inhaltlich und formal bis ins Detail, der Fortgang drückt jedoch trotzdem die Entwicklung von Julius und seiner Liebe aus, seine geistige Entwicklung. Das Maß für die *Lucinde* ist der klassische Bildungsroman der Zeit, Goethes *Wilhelm Meister*.
Aber freilich liegt dem Buch natürlich ein bestimmter autobiographischer Stoff zugrunde. Friedrich Schlegel greift auf seine eigenen Lebens- und Liebeserfahrungen zu Dorothea Veit, gebore-

ne Mendelssohn, späterhin geschieden Veit und neuverheiratete Schlegel, zurück. Es hat dies seinen Grund ebenfalls wieder in der Theorie Friedrich Schlegels. Ist der Roman doch dazu gemacht, „den Geist des Autors vollständig auszudrücken: so dass manche Künstler, die nur auch einen Roman schreiben wollten, von ungefähr sich selbst dargestellt haben."[64] Ein romantischer Roman stellt also notwendigerweise die ganz persönlichen Empfindungen und Taten, kurz: die Lebensweise des Autors dar. Und dies nicht in versteckter Weise, sondern ganz explizit. Was bleibt, ist eine radikal soziale Aussage: Erstmals wird der Gleichlauf von radikaler Liebe und bürgerlicher Ehe ausgesprochen, beide Zustände gehören laut dem Roman zusammen. Dieses grundsätzlich Neue führt zu

> entschiedener Opposition gegen Konventionen, gegen ästhetische wie gesellschaftliche. Das, was so manche Zeitgenossen Schlegels schockierte und die *Lucinde* in den Geruch eines obszönen Buches brachte, war das rückhaltlose Bekenntnis zur Sinnlichkeit als Bestandteil der Liebe sowie die daraus hervorgehende freie, wenngleich verhaltene Darstellung sexueller Vereinigung. Sinnliches und Geistiges waren in der aufgeklärten Philosophie des 18. Jahrhunderts noch getrennt geblieben und bildeten weiterhin einen entschiedenen Gegensatz. [...] Schlegels Romankonzept der Vereinigung von Universalität und Individualität korrespondierte also mit dem, was er auch inhaltlich darzustellen und mitzuteilen hatte. Denn Liebe ist, so schreibt Julius an Lucinde, ‚die einzige Wollust wie die sinnliche Seligkeit' [...].[65]

Die Germanistik versteht diese Einlassungen zu den „Rollenvariationen der Frau im Auge des Mannes [als] eines der bemerkenswertesten Symptome einer tiefgreifenden Veränderung des Verhältnisses zwischen den Geschlechtern, die sich im 18. Jahrhundert anbahnte und die auf eine Gleichstellung beider zulief."[66] Was in Schlegels Liebesvorstellungen zusammenkomme, sei die Einheit aller sinnlichen und geistigen Liebesäußerungen. Die

---

[64] Uerlings, *Theorie der Romantik*, S. 79

[65] Schulz, *Die deutsche Literatur zwischen Französischer Revolution und Restauration I*, S. 414

[66] Ebd.

Frau sei nicht mehr nur Geschlechtsgefährtin, Seelenfreundin oder Ehefrau, sondern alles in einem, was zu einem Verständnis von Liebe als „religiöse[r] Kommunikation“ führe. „Es ist alles in der Liebe: Freundschaft, schöner Umgang, Sinnlichkeit und auch Leidenschaft; und es muß alles darin sein, und eins das andre verstärken und lindern, beleben und erhöhen“[67], sagt Julius und fasst damit die persönlichkeitsbildende Kraft der Liebe, wie Friedrich Schlegel sie empfindet, zusammen. Die Ausbildung der Persönlichkeit ist ein großes Thema des Romans, „Ziel ist eine Ehe neuen Typs, in der beide Partner Vollendung und Erfüllung erfahren“.[68] Parallel zu dieser Neukonzeption des Frauenbildes hat sich im ausgehenden 18. Jahrhundert auch das Bild des Mannes diversifiziert. Spätestens durch die Empfindsamkeit hat der Mann das Recht erhalten, auch Gefühle zu zeigen und mit der Frau auf Augenhöhe zu kommunizieren. Seine Stärke bezieht er damit aus der Gefühlsbetontheit.

Friedrich Schlegel hat einen Roman geschaffen, der es trotz fehlenden Inhalts und beißender Kritik der Zeitgenossen in den Kanon der deutschen Literatur geschafft hat. Ob die *Lucinde* echten Lesegenuss darstellt? Das muss jeder Leser selbst entscheiden. Was sie aber darstellt, ist ein literarisch-ästhetisches Experiment und poetologisch-theoretisches Abbild der Romantik an sich und damit ist sie geeignet, uns über die Form des Romans als Fragment das Wesen der neuen Epoche näherzubringen. Der Wert des Romans vor allem als poetologisches Konstrukt ist also kaum zu überschätzen, und Friedrich Schlegel wird seiner Rolle als Vordenker der Romantik, als theoretisches und theoretisierendes ‚Zugpferd‘ absolut gerecht.

III.III Ludwig Tieck und die frühen Jahre seiner Romantik

Ludwig Tieck, einer der produktivsten Romantiker überhaupt, wird uns nicht nur in diesem Kapitel begegnen. Aufgrund seiner langen Lebenszeit – Ludwig Tieck lebte zwischen 1773 und 1853 – nahm er an allen drei Phasen der Romantik teil und drückte mindestens der Früh- und Hochromantik einen prägen-

[67] *Kritische Friedrich-Schlegel-Ausgabe*. Band 5, S. 35
[68] Schulz, *Die deutsche Literatur zwischen Französischer Revolution und Restauration I*, S. 416

den Stempel auf mit Werken, die bis heute nicht an literaturgeschichtlicher Bedeutung und Reputation verloren haben und die auch noch, zumal an Schulen und Universitäten, gerne und viel gelesen werden. Dieser Abschnitt soll die Biografie und die erste dichterische Periode Tiecks behandeln. Die späteren Werke werden zunächst ausgespart, damit sie im kommenden großen Kapitel behandelt werden können.
Tieck war Berliner und stammte als Sohn eines Seilers aus dem Bürgertum. Ab 1792 studierte er Geschichte, Philologie, alte und neue Literatur in Halle an der Saale (1792), Göttingen (1792/1793, 1793/1794) und Erlangen (1793) mit dem Ziel, freier Schriftsteller zu werden. In Jena zur legendären Zeit der Jahrhundertwende entwickelte er freundschaftliche Beziehungen zu Friedrich und August Wilhelm Schlegel, Novalis, Clemens Brentano, Johann Gottlieb Fichte, Friedrich Wilhelm Joseph Schelling und lernte auch Goethe und Schiller kennen. Ab 1819 lebte Tieck in Dresden, wo er 1825 als Dramaturg des Hoftheaters berufen wurde, bevor er 1841 von König Friedrich Wilhelm IV. höchstselbst nach Berlin berufen wurde, um unter anderem den neugegründeten preußischen Orden Pour le Mérite für Wissenschaften und Künste als Gründungsmitglied mit anzuführen. Tieck starb am 28. April 1853 und wurde auf dem Dreifaltigkeitsfriedhof II beigesetzt; König Friedrich Wilhelm IV. führte den Trauerzug an. Heute liegt er in einem Ehrengrab der Stadt Berlin.

III.III.1 *Die Freundschaft zu Wilhelm Heinrich Wackenroder*

Stark geprägt hatte ihn in der frühen Zeit die Freundschaft zu Wilhelm Heinrich Wackenroder, einem (zu) jung verstorbenen Juristen und Schriftsteller (1773 bis 1798), der als einer der Mitgründer der Romantik anzusehen ist. Unter dem Titel *Herzensergießungen eines kunstliebenden Klosterbruders* veröffentlichten die beiden kunsttheoretische Aufsätze und führten die neuzeitlichen Maler Albrecht Dürer, Raffaello Sanzio da Urbino und Michelangelo Buonarroti als Vorbilder einer „heiligen" Kunst an – im Gegensatz zu der früher vertretenen Auffassung, dass die alten Griechen und Römer als diese Vorbilder herhalten müssen. Die Schrift ist aus der Sicht eines greisen katholischen Mönchs verfasst, der seinen Blick sehnsuchtsvoll Richtung Italien wendet

und sich an „junge angehende Künstler“ zwecks „Erweckung guter Gedanken“ wendet.
Die *Herzensergießungen eines kunstliebenden Klosterbruders* sind ein Zeugnis des romantischen Lebensgefühls der beiden Freunde und Autoren. Kunstgenuss wird dabei zu einem Akt religiöser Hingabe erhoben: „Ohne religiöse Haltung und göttliche Inspiration ist künstlerisches Schaffen laut Wackenroder gar nicht möglich. Das Kunstwerk fungiert als Medium Gottes, als ausdrucksstarke Darstellung der Religion. Der Künstler tritt hinter seinem Werk zurück und da er lediglich Werkzeug Gottes ist, der durch seine Darstellung zum Betrachter spricht“, heißt es dazu beim *Goethezeitportal.*[69] Den Kern dieser Haltung offenbart unter anderem ein Abschnitt aus dem elften Kapitel der *Herzensergießungen*:

> Kunst ist die Blume menschlicher Empfindung zu nennen. In ewig wechselnder Gestalt erhebt sie sich unter den mannigfaltigen Zonen der Erde zum Himmel empor, und dem allgemeinen Vater, der den Erdball mit allem, was daran ist, in seiner Hand hält, duftet auch von dieser Saat nur ein vereinigter Wohlgeruch. Er erblickt in jeglichem Werke der Kunst, unter allen Zonen der Erde, die Spur von dem himmlischen Funken, der, von ihm ausgegangen, durch die Brust des Menschen hindurch, in dessen kleine Schöpfungen überging, aus denen er dem großen Schöpfer wieder entgegenglimmt. Ihm ist der gotische Tempel so wohlgefällig als der Tempel des Griechen; und die rohe Kriegsmusik der Wilden ist ihm ein so lieblicher Klang, als kunstreiche Chöre und Kirchengesänge.[70]

Die Kunst ist für die Autoren Inbegriff der göttlichen Schöpfung und steht mit dieser auf einer Stufe. Wie die Natur eine ewig wechselnde Gestalt hat, hat dies auch die Kunst: Die Kunst ist nicht eindimensional, sondern vielfältig und drückt sich in allem

---

[69] http://www.goethezeitportal.de/wissen/projektepool/intermedialitaet/autoren/wackenroder/verbindung-von-religion-und-kunst.html, Zugriff: 16. Juli 2019

[70] Wackenroder, Wilhelm Heinrich; Tieck, Ludwig: *Herzensergießungen eines kunstliebenden Klosterbruders.* Herausgegeben von Martin Bollacher. Stuttgart 2005, S. 46f.

aus. Das Besondere: Jede Kunst ist für den Klosterbruder wertvoll, ob es sich um Kriegsgeschrei oder sakrale Musik handelt. Trotz des Überlegenheitsgefühls der Romantik gegenüber anderen Kunstformen und -epochen werden hierbei keine Empfehlungen oder Präferenzen ausgesprochen, sondern die Aussage vermittelt, dass jede Art von Kunst schätzenswert ist, denn in jeder Kunst drückt sich die Schöpfung aus.

Ebenso wichtig ist das Verständnis des Mittelalters als ideale Epoche:

> In den *Herzensergießungen* [Hervorhebung Verf.] erscheint das Kapitel ‚Ehrengedächtnis unseres ehrwürdigen Ahnherrn Albrecht Dürers' als das Herzstück; der Text wurde häufig publiziert und es wird auch davon gesprochen, dass hierin eine Programmschrift für die romantische Kunstbetrachtung gesehen werden kann. Dürer ist für Wackenroder Vertreter des unbeholfenen altdeutschen Wesens in Leben und Werk. Nürnberg, die Stadt, in der der Künstler lebte, wird als Stadt der ‚goldenen Zeit' verherrlicht. Der Künstler entspricht dem Wertesystem, das Wackenroder in der Gegenwart vermisst. Das Leben im Mittelalter bedeutet für ihn: innige Beziehung zum Geistigen; durch den starken Glauben führen die Menschen eine kräftige, wahre Sprache und Dürer ‚hatte daran seine Lust, uns die Menschen zu zeigen, wie sie um ihn herum wirklich waren'.[71]

Dürer stehe stellvertretend für das Mittelalter, denn „aus seinem Geist spricht die Kunstweisheit und Erfahrung der vergangenen Zeiten", und Dürers Malerei gelte als „die eigentliche innere Seele der Kunst".[72] „Dürers künstlerisches Tätigkeit wird aufgrund ihrer sozialen Bedeutung gelobt (Dürer lebte im Familienbund): Kunst und Leben bilden so bei ihm eine Einheit."[73] Durch seine gefühlvolle Kunst entspricht Dürer in seiner altdeutschen Unbeholfenheit trotz aller frappierenden Widersprüche beispielsweise

---

[71] http://www.goethezeitportal.de/wissen/projektepool/intermedialitaet/autoren/wackenroder/der-kuenstler-als-genie.html, Zugriff: 16. Juli 2019

[72] Wackenroder/Tieck, *Herzensergießungen eines kunstliebenden Klosterbruders*, S. 53

[73] http://www.goethezeitportal.de/wissen/projektepool/intermedialitaet/autoren/wackenroder/der-kuenstler-als-genie.html, Zugriff: 16. Juli 2019

auch dem italienischen Renaissance-Ästheten Raffael. Das Zeitalter der Renaissance wird an den gleichen Maßstäben gemessen wie das Mittelalter, wodurch die Renaissance und die Idolisierung der Antike ihre Vorbildfunktion und Vormachtstellung verlieren. Das Mittelalter ist nicht weniger bedeutend, wodurch einmal mehr das weitreichende Kunstverständnis der *Herzergießungen eines kunstliebenden Klosterbruders* deutlich wird: Jede Kunst hat einen hohen Wert, und keine Art von Kunst sollte einer anderen untergeordnet werden.

III.III.2 *William Lovell und Franz Sternbald*

Schon in der Frühzeit seines literarischen Schaffens hatte Ludwig Tieck zwei Romane produziert, die mindestens als bedeutende Beiträge zur (Früh-)Romantik gelten können, nichtsdestoweniger aber auch als – zumindest annähernd – kanonische Schriften der deutschen Literatur. Die Rede ist von *William Lovell* (1795/1796) und *Franz Sternbalds Wanderungen* (1798). Beginnen wollen wir mit dem letztgenannten Roman, denn im *Franz Sternbald* setzt Tieck das fort, was er gemeinsam mit Wilhelm Heinrich Wackenroder in den *Herzensergießungen eines kunstliebenden Klosterbruders* erstmals entwickelt hatte: Die altdeutsche Welt des ausgehenden Mittelalters erscheint als ideale Zeit, die als fromm und harmonisch beinahe verklärt wird, Albrecht Dürer ist die Idealfigur des Künstlers, an der sich alles orientiert. Auch dies geht mit den *Herzergießungen* zusammen, in denen es heißt:

> Nürnberg! du vormals weltberühmte Stadt! Wie gerne durchwanderte ich deine krummen Gassen; mit welcher kindlichen Liebe betrachtete ich deine altväterischen Häuser und Kirchen, denen die feste Spur von unsrer alten vaterländischen Kunst eingedrückt ist! Wie innig lieb ich die Bildungen jener Zeit, die eine so derbe, kräftige und wahre Sprache führen! Wie ziehen sie mich zurück in jenes graue Jahrhundert, da du, Nürnberg, die lebendigwimmelnde Schule der vaterländischen Kunst warst, und ein recht fruchtbarer, überfließender Kunstgeist in deinen Mauern lebte und webte: - da Meister Hans Sachs und Adam Kraft, der Bildhauer, und vor allen, Albrecht Dürer, mit seinem Freunde, Wilibaldus Pirk-

> heimer, und so viel andre hochgelobte Ehrenmänner noch lebten! Wie oft hab ich mich in jene Zeit zurückgewünscht! Wie oft ist sie in meinen Gedanken wieder von neuem vor mir hervorgegangen, wenn ich in deinen ehrwürdigen Büchersälen, Nürnberg, in einem engen Winkel, beim Dämmerlicht der kleinen, rundscheibigen Fenster saß, und über den Folianten des wackern Hans Sachs, oder über anderem alten, gelben, wurmgefressenen Papier brütete; - oder wenn ich unter den kühnen Gewölben deiner düstern Kirchen wandelte, wo der Tag durch buntbemalte Fenster all das Bildwerk und die Malereien der alten Zeit wunderbar beleuchtet![74]

Die Wanderungen des 22-jährigen Franz Sternbald beginnen 1520 vor den Toren Nürnbergs und dauern anderthalb Jahre an. Sternbald ist der beste Schüler des großen Meisters Albrecht Dürer, den er sehr liebt, aber dennoch auf Wanderschaft gehen will: „Der junge Künstler glaubt an die Kunst, an seinen Meister Dürer, an die Freundschaft, an das künftige Glück mit seiner Geliebten, an den christlichen Gott."[75] Seine Wege auf der Suche nach der Kunst (die großen Künstler Michelangelo Buonarroti und Raffaello Sanzio da Urbino will er in Italien für sich entdecken) und seinen echten Eltern führen den adoptierten Franz ins heimatliche Taubertal (der Heimat seiner Pflegeeltern) und dann übers niederländische Leiden nach Straßburg, Florenz und Rom, um am Ende zwar nicht seine leiblichen Eltern zu finden, aber dafür immerhin Marie als die Liebe seines Lebens, und eine Reihe an Künstlern lernt er ebenso kennen.
Da der Roman – einmal mehr – Fragment ist, hat Tieck den Schluss nicht ausgeführt, aber er bleibt damit natürlich in der frühromantischen Romanpoetik, die das Fragment wie bereits beschrieben als wichtige Form des Romans definiert hat. Und ebenso greift Tieck auf verschiedene weitere Eigenschaften des romantischen Romans zurück, beispielsweise die Verflechtung von Erzählung und Lied, sowie bestimmte inhaltliche Motive, die den Text eindeutig der Romantik zuordnen lassen; etwa das

---

[74] Wackenroder/Tieck, *Herzensergießungen eines kunstliebenden Klosterbruders*, S. 55
[75] Ohmer, Anja: *Ludwig Tieck. Romantische Ironie und absolute Kunst.* Essen 2011, S. 40

Lied des Sängers, der am Springbrunnen folgendes darbietet:

> Holdes, holdes Sehnsuchtsrufen / Aus dem Wald, vom Tal herauf: / Klimm herab die Felsenstufen, / Folge diesem Locken, Rufen, / Hoffnung tut sich, Glück dir auf. // Wohl seh ich Gestalten wanken / Durch des Waldes grüne Nacht, / Die bewegten Zweige schwanken, / Sie entschimmern wie Gedanken, / Die der Schlaf hinweggefacht.[76]

Die unbekannten Lockrufe, der nächtliche Wald und dessen Farbgebung: Das ist pure Romantik, und natürlich ist die Wahl Tiecks nicht zufällig darauf gefallen. Das zeigen auch viele andere Stellen, an denen er mit romantischer Naturmotivik spielt, den Glauben an die Allmacht der Kunst oder auch die Sehnsucht nach der alten Zeit, die in allen erdenklichen Formen idealisiert wird.

Die Forschung hat den *Sternbald* als den „erste[n] wirkliche[n] Künstlerroman in der umfassenden Bedeutung des Begriffs"[77] bezeichnet, er sticht damit beispielsweise den *Florentin* Dorothea Veits (Schlegels) aus, in dem der Held nicht zu künstlerischer Profession (und damit Freiheit und Unabhängigkeit) geführt wird, sondern in den amerikanischen Unabhängigkeitskrieg:

> Seiner künstlerischen Berufung ist dagegen Sternbalds Wanderweg insgesamt und in allen Einzelheiten verpflichtet, selbst die Nebenabsichten (das Herkunftsrätsel auch dieses Helden oder seine Liebesgeschichten) lenken nicht ab, sondern verstärken es nur. So kommt es, daß die Produktion, das schöpferische Vermögen, die Psychologie des Werkprozesses selber zum Gegenstand der Erzählung werden, ja ihr eigentliches geheimes Zentrum.[78]

Ludwig Tieck beschreibt damit in *Franz Sternbalds Wanderungen* den Weg eines Künstlers zur Kunst und die gleichermaßen die Kunst als Begleiterin des Künstlers auf seinem Weg, der nach Vervollkommnung strebt. So ist der Roman zu lesen, er leitet famos in das Kunstverständnis der Romantik ein und fordert „ech-

[76] Tieck, Ludwig: *Werke in einem Band.* München (ohne Jahr), S. 170
[77] Ueding, *Klassik und Romantik*, S. 468
[78] Ebd. S. 469

te Kunstfrömmigkeit". Der Roman erfasst als idealer Künstlerroman die „künstlerische Entfaltung im Lebenslauf", stellt die „Probleme der [...] künstlerischen Sendung und der Stellung zur Gesellschaft" dar und stellt die „Frage nach dem Wesen ihres Schaffens".[79] Wir sollten den *Sternbald* also als das lesen, was er ist: als einen Roman über die Kunst und den Künstler, als einen Roman von der Kunst und vom Künstler. Damit kommen wir dem Kern schon sehr nahe und erfahren in den Beschreibungen und Details Ludwig Tiecks Sicht auf die Welt und die Kunst – und vor allem auch auf die Romantik, in der das Mittelalter und ein christliches Empfinden in Verbindung mit einem übergeordneten Kunstbegriff und Kunstverständnis lebendig wird. *Franz Sternbalds Wanderungen* lässt sich damit natürlich auch ebenso als Grundlagenroman der Romantik verstehen. Der Wald als typisch romantisches Element spielt eine herausragende Rolle, Mond und Mühle sind auch dabei, der Glaube an die Allmacht der Kunst dominiert im Roman, und nur die Natur ist gewaltiger als die Kunst.

Von ganz anderem Schlag als Franz Sternbald ist William Lovell, der Held des gleichnamigen Briefromans. Während Sternbald am Ende seine große Liebe findet und als sympathischer Charakter in Erinnerung bleibt, geht der junge englische Edelmann William Lovell auf der Suche nach dem Sinn und Zweck seines Lebens elend zugrunde und lässt sich bei einem Duell erschießen. Zuvor stirbt die Schwester Emilie seines früher besten Freundes, die erwiderungslos in Lovell verliebt ist, nachdem dieser sie in der Fremde mittellos zurückgelassen hatte. Auch verursacht er den Tod des Bräutigams einer jungen, naiven Italienerin, die er verführt hat und die sich schließlich das Leben nimmt. Sein späteres Vermögen verspielt William, wird zum Räuber und Bettler und gibt sich schließlich eben im Duell der Kugel des Mannes, der seinerseits die durch Lovell zu Tode gekommene Emilie heiraten wollte, hin.

Mit der Lebensbejahung und freundlichen Zugänglichkeit anderer romantischer Texte hat dies wenig zu tun. Der Roman ist anders konzipiert und verfolgt ganz offensichtlich auch ein anderes Ziel: nämlich die Darstellung, wie übersteigerte Gefühlsbetontheit künstlerische Träumerei in Zeiten der Veränderung[80] in den

[79] von Wilpert, *Sachwörterbuch der Literatur*, S. 443

[80] In der erzählten Zeit des Romans findet ein fundamentaler gesellschaftli-

Abgrund führen können. Schon in einem frühen Stadium ist die Todessehnsucht ein starker Antrieb William Lovells (eigentlich eine schwärmerische Gestalt) die sich als Motiv durch den Roman zieht und die Struktur eines ‚umgekehrten Bildungsromans' kennzeichnet: Die Erfahrung verläuft in absteigender Linie, weil William bereits in gestörter Gemütsverfassung auf seine Bildungsreise durch Frankreich nach Italien aufbricht und sich das Leiden nur noch verstärkt – bis zum bitteren Ende. Alles führt zum Tod des Helden hin, und der Tod wiederum ist auch dessen Begleiter und um ihn herum allgegenwärtig. Dies ist ein deutliches Zeichen der sich wandelnden Verhältnisse, die in Wahnsinn und Raserei treiben und keine Rettung für den Einzelnen gibt. Daran geht William Lovell letztlich zugrunde.

Das zeigt auch: William Lovell ist kein Widerling von Natur aus, wie man aus der Schilderung zunächst ableiten mag und wie die Literatur sie in vielfältiger Weise hervorgebracht hat, sei es Franz Moor aus Schillers *Die Räuber*, Guelfo aus Friedrich Maximilian Klingers *Die Zwillinge* oder auch Guido von Tarent aus Johann Anton Leisewitz' Trauerspiel *Julius von Tarent*, nicht zu vergessen Präsident von Walter in Schillers *Kabale und Liebe* und Polizeichef Baron Scarpia aus Giacomo Puccinis Oper *Tosca*. Vielmehr erscheint uns William Lovell als Opfer der Umstände, in die er hineingeraten ist. Erst die Wechselwirkung seines Charakters und die Verwicklungen der Welt führen tatsächlich zum Desaster. Es wäre also ungerecht, den *William Lovell* als einen Roman zu lesen, in dem konsequent die dunkle Seite der Seele zu Tage tritt. Ludwig Tieck will Lovell auch nicht als ‚miesen Charakter' vorführen, sondern er zeigt an ihm exemplarisch die Auswirkungen des Verlaufs der Welt auf, denen er sich nicht entziehen kann: „Ringsum lauert das Nichts als abgeschmackte Wiederholung, als Irrtum oder Beschränktheit, als boshafte oder zufällige Zerstörung, als Sinn- und Ziellosigkeit, als Unfähigkeit zur Kommunikation, als Wahnsinn und Tod."[81]

---

cher Wandel statt, in dessen Folge ökonomisches Kalkül alte Werte ablöst und viele Menschen in Verwirrung und Krise stürzt – die alte Zeit ist unwiederbringlich vorbei)

[81] Ohmer, *Ludwig Tieck*, S. 39

III.IV Zusammenfassung

In der Frühromantik formiert sich die neue literarische Strömung und entwickelt bereits eine enorme theoretische und literarische Wucht. Novalis, Tieck, die Brüder Schlegel marschieren voran und haben die oben genannten (und mehr) Werke veröffentlicht, die als herausragende und orientierungswürdige Beispiele für die Romantik positioniert sind und heute auch noch als weitgehend kanonisierte Texte gelten. In der Phase bis 1804, die wir als ‚Jenaer Romantik' klassifiziert haben, entdeckt die Frühromantik „vor allen Dingen das Übernatürlich-Wunderbare und das Christliche", ihr „Werk ist die romantische Metaphysik und romantische Frömmigkeit" mit dem starken Bezug zur „deutschen Vorzeit, dem Mittelalter". Im Vordergrund des Bewusstseins steht „jene wundervolle Märchenwelt, die zugleich Ausdruck christlich-germanischen, d.h. deutschen Geistes". Dabei aber bleibt das „eigentliche[.] Deutschgefühl", also ein sehr patriotisch-nationalbezogenes Gedankengut, zunächst auf der Strecke.[82]

Die Frühromantiker als die erste Generation der Romantiker haben eine Saat gesetzt, die von der nachfolgenden Generation, den Hochromantikern, geerntet werden sollte: Diese geben dem romantischen Werk eine veränderte Gesinnung und entwickeln die Romantik gezielt weiter. Mit dieser Gesinnungsverschiebung geht auch eine Ortsverschiebung einher, denn der lokale Fokus verlagert sich von Jena nach Heidelberg und setzt mit dem Jahre 1804 ein.

[82] Korff, *Geist der Goethezeit 3*, S. 16

IV. Die Hochromantik

Mit dem Ende von Kapitel III haben wir den Übergang von der Früh- zur Hochromantik markiert und wechseln damit nun auch den Ort der vorrangigen literarischen Produktion. Denn wie bereits angedeutet ist nicht mehr Jena das Zentrum des literarischen und geistigen Lebens der Romantik, sondern Heidelberg. Wie Jena in der ersten Phase entwickelt sich Heidelberg zum Sammelbecken für Schriftsteller und Denker der zweiten Generation der Romantiker; viele von ihnen hielten sich schlicht in der Universitätsstadt auf, andere Vertreter der romantischen Schule pflegten engen Kontakt zu den dort Ansässigen. Freilich, Heidelberg ist kein ‚Zufallstreffer' für die Romantiker, sondern durchaus eine Entscheidung im vollen Bewusstsein und mit Blick auf den spezifischen Charakter des Denk- und Literatursystems, die vorrangig auch politisch begründet war.
Der französische General Napoleon Bonaparte hatte sich im Ersten Koalitionskrieg gegen die verbündeten europäischen Monarchien weitgehend durchgesetzt, territoriale Gewinne erzielt und den Rhein zur deutsch-französischen Grenze gemacht. 1804 ließ sich Napoleon Bonaparte zum Kaiser Napoleon I. krönen, zwei Jahre später war das Heilige Römische Reich Deutscher Nation zu seinem Ende gekommen: Am 6. August 1806 legte Kaiser Franz II. die Krone des Heiligen Römischen Reiches nieder. Das ging mit der Unterzeichnung der Rheinbundakte einher. Napoleon I. gewann zunächst 16 süd- und westdeutsche Einzelstaaten dafür, den Rheinbund zu gründen, die Fürsten erkannten die französische Oberherrschaft an.
Dadurch hatte sich die politische Situation erheblich geändert, was ebenfalls zu einer geänderten Einstellung zur Welt ebenso wie zur Kunst führte. Der ursprünglich revolutionäre und kosmopolitische Schwung schlug angesichts der offenkundigen Ohnmacht der deutschen Territorialstaaten in eine Verklärung der deutschen Vergangenheit um. Mit dem Ende des Heiligen Römischen Reiches war der letzte Rest der mittelalterlichen deutschen Welt untergegangen, in der die deutschen Romantiker im Mittelalter die gesicherte Glaubenseinheit der christlichen Kirche und die versunkene nationale Größe, die erneuert werden sollte, sahen. Sie waren der Ansicht, dass die Tugenden und Fä-

higkeiten der Vorzeit nur schlummerten und darauf warteten, wiedererweckt zu werden. Daher wollten sie durch Wissenschaft und Literatur das nationale Leben erneuern. Das bot sich in Heidelberg besonders an. Die Altstadt wurde 1693 im Krieg zerstört, aber auf Basis des mittelalterlichen Grundrisses im 18. Jahrhundert aufgebaut. Der Zweite Weltkrieg ging ohne spürbare Schäden an der Stadt vorüber, sodass sich die Architektur und Bausubstanz auch heute noch bewundern lässt. Rund 1,5 Millionen Besucher verzeichnete die Stadt im Jahr 2018, von denen die allermeisten eben vor allem wegen des mittelalterlichen Stadtbildes den Weg an den Neckar gefunden hatten. In diesem Umfeld sollte Deutschland zu neuer Größe von den Romantikern geführt werden, und die Betrachtung so mancher Texte der Zeit wird erweisen, dass die Stadt tatsächlich Inspiration und Segen für die literarische Produktion gebracht haben muss.
Clemens Brentano hat Heidelberg, als einer unter vielen, ein literarisches Denkmal gesetzt. Sein sehr umfangreiches *Lied von eines Studenten Ankunft in Heidelberg und seinem Traum auf der Brücke; worin ein schöner Dialogus zwischen Frau Pallas und Karl Theodor* soll hier ausschnittsweise zitiert werden:

> ‚Nach Heidelberg, bin ein Student, / Von Jena komm' ich hergerennt, / Die Sonn' sich neigt, hab' ich noch weit?‘ / Der Landmann sprach: ‚Nehm' er sich Zeit, / Ein' kleine Stund', dort um die Eck', / Da schaut es ihm entgegen keck.‘ / Da bot ich ihm ein' gute Nacht / Und hab' mich auf den Weg gemacht, / Und da ich um die Ecke bog, /Ein kühl Lüftlein mir entgegen zog, / Der Neckar rauscht aus grünen Hallen / Und giebt am Fels ein freudig Schallen, / Die Stadt streckt sich den Fluß hinunter, / Mit viel Geräusch und lärmt ganz munter, / Und drüber an grüner Berge Brust, / Ruht groß das Schloß und sieht die Lust, / Und da ich auf zum Himmel schaut', / Sah ich ein Gottes Werk gebaut, / Vom Königstuhl zum heil'gen Berges Rücken / Sah ich gesprengt eine goldne Brücken, / Sah ich gewölbt des Friedens Regenbogen, /Und sah ihn wieder in Flusses Wogen.[83]

[83] Brentano, Clemens: *Werke*. Herausgegeben von Friedhelm Kemp. München 1963–1968. Band 1, S. 173-184

Es finden sich darin zahlreiche Hinweise auf romantisches Dichten. Das sind zum einen Begrifflichkeiten wie „kühl Lüftlein", der „Neckar rauscht" und „freudig schallen". Sie finden sich häufig in romantischer Lyrik. Die Kühle bildet den Gegensatz zur aufgewühlten Seele des lyrischen Ichs nach seiner Wanderung und verschafft ihm Milderung und Entspannung. Das „kühl Lüftlein" kühlt von außen die hohe innere Hitze des Ichs und holt es auf den romantischen Boden des neuen Zentrums Heidelberg zurück – nachdem es Jena als das alte Zentrum verlassen hat. Der rauschende Neckar, der sich am Fels bricht und dadurch ein „freudig Schallen" erzeugt, ist ein weiterer romantischer Willkommensgruß, genauso wie die übrigen Natur- und Kultursymbole (Berge, Schloss) und der Verweis auf „Gottes Werk". Clemens Brentano verbindet damit Heidelberg mit allen Facetten der Romantik, sodass das *Lied von eines Studenten Ankunft in Heidelberg und seinem Traum auf der Brücke; worin ein schöner Dialogus zwischen Frau Pallas und Karl Theodor* eine tatsächliche Wende markiert zwischen Jena und Heidelberg und der Romantik damit einen neuen Platz zuweist.

In der Forschung ist vor dem Hintergrund der veränderten politischen Landschaft auch vorsichtig von einem Bruch mit der frühromantischen Progressivität die Rede. Diese habe um 1800 noch aus dem „Kampf der Aufklärung gegen Thron und Altar, die Bevormundung des Menschen durch die Herrschaft traditioneller Mächte" hergestammt, sich aber eben durch die „politische Frustration" gewandelt: Indem die

> gesellschaftliche Hoffnung, die der Begriff der Freiheit im 18. Jahrhundert genährt hatte, enttäuschte und ihn zunehmend auf die ‚innere', d.h. die nun endgültig um ihre politische Dimension beraubte ‚moralische' Freiheit des Individuums einschränkte, zur Desillusionierung des Fortschritts überhaupt und ließ den Preis erkennen, der für diesen bezahlt werden mußte. […] Die Unfähigkeit, seine Isoliertheit und Schwäche im gesellschaftlichen Prozeß zu ertragen, trieb das Individuum, in ‚sekundären Bindungen' neue Sicherheit zu suchen. Charakteristisch für die moderne, die kapitalistische Gesellschaft bis heute, für die ‚Entfremdung', die der Mensch erfährt, sind daher seit der Romantik Versuche, jenseits und

> außerhalb der Gesellschaft in ‚sekundären Bindungen' Entlastung zu finden.[84]

Aus Furcht vor den gegenwärtigen gesellschaftlichen und politischen Verhältnissen wird also ein Ausweg gesucht, die Möglichkeit, sich an etwas zu binden, das sozial und emotional näher liegt als das, was die Gegenwart zu bieten hat. Das finden die Hochromantiker bevorzugt im Mittelalter: Ein ‚mittelalterliches' Verständnis des (römisch-katholischen) Christentums als Kitt für Kultur und Gesellschaft, die Suche nach dem architektonischen und künstlerischen Erbe Deutschlands, die Rückbesinnung auf Begriffe wie ‚Volk' und ‚Nation' und das Verlangen nach Selbstbestimmung.[85]

IV.I Des Knaben Wunderhorn und die Entdeckung der Volksdichtung

Wie mehrmals ausgeführt, konzentriert sich die Romantik auf die Wiederentdeckung des Mittelalters als Basis des Denkens und der Dichtung. Dies manifestiert sich unter anderem in der Aufnahme und Sammlung entsprechender Volksdichtung als wesentlichem Bestandteil der romantischen Literatur. Aber Volksdichtung, was ist das eigentlich?

> Die Bezeichnung beruht auf der im Sturm und Drang entstandenen und besonders in der Romantik (Herder, Grimm, Uhland) entwickelten und verbreiteten Vorstellung vom dichtenden Volksgeist, der sich in Volksballade, -buch, -epos, -lied, -märchen, -sage usw. verkörpere, die anonym um Volke verbreitet und daher von ihm selbst ausgegangen seien. Diese romantisierende, idealistische Auffassung ist, obwohl

[84] Bahr, *Geschichte der deutschen Literatur, Band 2*, Tübingen und Basel 1998, S. 375f.

[85] Vorsicht: Niemand sollte hier aus Gründen politischer Korrektheit des 21. Jahrhunderts ein problematisches Verständnis von politischer und/oder geistiger Haltung wittern. Die Debatten rund um ‚Volk' und ‚Nation' sind vor allem vor dem Hintergrund der napoleonischen Eroberungen zu sehen und dem Verlust eines nationalen Zusammenhalts, wie oben hinsichtlich der Ereignisse von 1806 beschrieben. Auch zarte, sehr wohlmeinende Gemüter dürfen die romantischen Texte also ohne Angst vor bleibenden Schäden lesen und auch mit dieser Lektüre guten Gewissens fortfahren.

> sie mit stärkster Kraft und tiefdringenden Anregungen im weiten Kreise gewirkt hat, heute von der Wissenschaft überwunden. [...] Jede Dichtung, ob groß oder klein, ist Schöpfung eines Autors. Wenn dieser aus den im Volke lebenden Sagen und Vorstellungen schöpfte, sie an eine gleichgestimmte Gemeinschaft von Hörern wiedergab und sich in seinem Dichten mit dem Fühlen und Denken des Volkes als einer kollektiven Bewußtseinsform selbst zutiefst eins fühlte, konnte ihm zwar wohl Begriff und Forderung nach individueller Genialität fernliegen, und er konnte seine Individualität ganz hinter dem volkstümlichen Inhalt seiner Dichtung zurücktreten lassen, Herz und Sinn des Volkes, den Geist der ‚Volkheit' [...], seine Zeit und die Lebensart seines Volkes in seiner Dichtung ohne persönliche Note widerspiegeln und damit zum ‚Volksdichter' werden [...].“[86]

Will heißen: Als Volksdichtung wird die Art von Dichtung definiert, die weitestmögliche Verbreitung in einer großen und durch eine große Gruppe (am besten dem gesamten Volk) findet. Volkslieder lassen sich dabei nach musikalischen, sprachlichen, gesellschaftlichen und historischen Merkmalen unterscheiden, aber sie sind durch eine gemeinsame Sprache, Kultur und Traditionen gekennzeichnet. Die Volksdichtung bezeichnet vor allem eine neue, volksnahe Auffassung von vor allem lyrischer Dichtung, die sich gegen die Künstlichkeit der Poesie im Zeitalter des Barocks und Rokoko absetzte, welche auf gelehrtem Wissen und verfeinerter Bildung beruhte.

Das ist auch die Auffassung von Achim von Arnim, einem der führenden Vertreter der Romantik. In seinem theoretischen Text *Von Volksliedern* kritisiert er, dass die Gelehrten über eine eigene vornehme Sprache lange alles Hohe und Herrliche vom Volke getrennt hätten, und nur wegen dieser Sprachtrennung mangle es dem neueren Deutschlande an der sogenannten Volkpoesie. Nur in den eher ungebildeten und von Bücherbildung unbeeinflussten Kreisen entstehe ungedruckte und ungeschriebene Volksliedkunst. Achim von Arnim erkennt diesen Niedergang der Volksdichtung in der Entfremdung zwischen dem Volk und den sogenannten Gelehrten. Die Gruppen haben sich stark von-

[86] von Wilpert, *Sachwörterbuch der Literatur*, S. 886f.

einander entfernt, was eben dazu führte, dass die Volksdichtung vergessen wurde. In eine ähnliche Kerbe schlägt Jacob Grimm. Er kritisiert, dass, nachdem sich allzu viel Bildung durchgesetzt habe, sich Poesie und Geschichte immer weiter voneinander entfernten. Die alte Poesie habe sich im von der Bildung unbekümmerten Volk seit jeher erhalten und vermehrt, konnte sich aber letztlich dennoch nicht den Einflüssen der Gebildeten erwehren. Diesen Zustand wieder rückgängig zu machen, haben sich Achim von Arnim und Clemens Brentano mit der Liedsammlung *Des Knaben Wunderhorn* zur Aufgabe gemacht, um die oben genannte ‚sekundäre Bindung' im Volk systematisch auszubauen und das Streben des Einzelnen zu unterstützen, „Teil eines größeren, mächtigeren Ganzen außerhalb des eigenen Ichs zu werden, in ihm unterzutauchen und einzugehen".[87] Daraus folgt die anschließende Beobachtung: „Im ‚Volk' suchte das Individuum moralisch Zuflucht vor der Gesellschaft. Das ‚Volk' aber, abstrahiert von der Gesellschaft, war das Volk der Volkslieder, Sagen, Märchen und Mythen, deren Entdeckung, Restaurierung und Konservierung nach 1800 zu einem Hauptgeschäft der Romantik wurde."[88]

Unter dem Titel *Des Knaben Wunderhorn* veröffentlichten Clemens Brentano und Achim von Arnim nun von 1805 bis 1808 eine Sammlung von Volksliedtexten in drei Bänden. Sie enthält 723 Liebes-, Soldaten-, Wander- und Kinderlieder vom Mittelalter bis ins 18. Jahrhundert.[89] „Die Hauptaufgabe dieser Sammlung war es, Dichtung, die ihre im 18. Jahrhundert dominierende Legitimation im Rahmen des gesellschaftlichen Fortschritts, der Bildung, eingebüßt hatte, mit Hilfe der ‚Volksdichtung' neu zu motivieren. […] Als ‚Volksdichtung' sollten ihre Gedichte die

[87] Fromm, Erich: *Die Furcht vor der Freiheit.* Frankfurt am Main 1966, S. 155

[88] Bahr, *Geschichte der deutschen Literatur, Band 2*, Tübingen und Basel 1998, S. 377

[89] Der berühmte Volkslied- und Märchenforscher Heinz Rölleke, zugleich Herausgeber der immer noch gültigen wissenschaftlichen *Wunderhorn*-Edition, schreibt: „Etwa 340 Texte gehen auf gedruckte Bücher oder Zeitschriften zurück, weitere 100 auf sogenannte Fliegende Blätter (billige Einblattdrucke des 18. und frühen 19. Jahrhunderts), 40 auf ältere handschriftliche Codices (hauptsächlich aus dem 15. bis 17. Jahrhundert) und nur knapp 250 auf zeitgenössische Niederschriften." (Rölleke, Heinz: *Des Knaben Wunderhorn. Alte deutsche Lieder, gesammelt von Achim von Arnim und Clemens Brentano.* Frankfurt am Main/Leipzig 2003, S. 1200)

Verbindlichkeit zurückgewinnen, die sie durch den Verlust des aufklärerischen Motivs verloren hatten."[90]

> Bis heute ist die Sammlung der Freunde Achim von Arnim und Clemens Brentano die wirkmächtigste deutsche Liedanthologie. [...] Das „Wunderhorn“ übertraf vom Umfang her alle vorgängigen Sammlungen dieser Art. Die Redaktionsarbeit des ersten Bandes geschah in Heidelberg. Die beiden Folgebände wurden zum Teil gemeinsam mit den Brüdern Grimm in Kassel erarbeitet. Die Grundlage der Anthologie waren ältere Bücher und neuere Zeitschriften, Fliegende Blätter, neuzeitliche Handschriften und zeitgenössische handschriftliche Einsendungen verschiedener Beiträger. Die Drucke stammten zum großen Teil aus Brentanos Bibliothek, der als Grundlage für seine literarischen Projekte eine bedeutende Spezialsammlung aufbaute. Sie wurde 1819 und postum 1853 versteigert und damit in alle Winde zerstreut. Auch den handschriftlichen Unterlagen maßen die beiden Freunde einen großen Eigenwert zu. Arnim bezeichnete sie im Februar 1808 als das große deutsche Liederarchiv.[91]

Arnim und Brentano sammelten, was in der Vergangenheit irgendwo gesungen oder rezitiert worden war. Dadurch wurde eine Reihe von Liedern erhalten, die andernfalls der Vergessenheit anheimgefallen wären. Dabei machten sie relativ wenige Unterschiede zwischen Themen, Motiven und Ursprüngen, wodurch sich im *Wunderhorn* neben den berühmten Wiegenlieder *Guten Abend, gut' Nacht* und *Schlaf, Kindlein, Schlaf!* auch Martin Luthers reformatorisches *Ein feste Burg ist unser Gott* wiederfindet, das für den Protestantismus von großer Symbolkraft ist. Es geht den Sammlern im Kern darum, ältere deutsche Lieder aus der volkstümlichen mündlichen und schriftlichen Überlieferung vor dem Vergessen zu bewahren und der Gesellschaft in sich wandelnden Zeiten (heute würde man vermutlich von einer Disruption sprechen) zugänglich zu machen.
Dabei folgten Arnim und Brentano einem konsequenten Konzept und zielten unter anderem auf eine nationalpolitische Erhö-

---

90 Ebd.
91 https://www.uni-heidelberg.de/presse/ruca/ruca08-1/02.html; Zugriff am 21. Juli 2019

hung in Zeiten der napoleonischen Fremdherrschaft in Deutschland ab. Oder anders gesagt: Anstatt der gepflegten, artifiziellen Dichtung (Kunstlied), die sich seit dem 16. Jahrhundert ausprägt und im späten 18. Jahrhundert durch die rasante Entwicklung über Empfindsamkeit, Spätaufklärung und Klassik nochmals an Tempo zulegt, soll das vermeintlich unberührte Volkslied der ländlichen Bevölkerung gefördert werden. Die Gegenwart wird, das zeigt sich an dem Grundkonzept der Liedersammlung, als stark unbefriedigend empfunden, wie es der generellen Annahme der Romantik entspricht. Die Sammlung der vermeintlich authentischen, der Stimme des Volkes entsprungenen sollte eine Art ‚antimodernistischen Impuls' setzen und damit aufzeigen, dass Tradition und Geschichte des deutschen Volkes einen enormen Wert darstellen; einen Wert in einer Zeit, die gerade nicht als das Maß aller Dinge angesehen wird. Der Rückgriff auf die historische Liedkunst soll auch zu einem gesellschaftlichen Rückgriff werden, um sich emotional, ästhetisch und natürlich auch sozial außerhalb der Gegenwart orientieren zu können.

So honorig das Unterfangen, so sehr sahen sich Clemens Brentano und Achim von Arnim auch Kritik ausgesetzt – und das nicht zu knapp. So hat beispielsweise Johann Heinrich Voß, einer der großen Übersetzer klassischer Dichtung, Lehrer und äußerst produktiver Schriftsteller, der zu jener Zeit in Heidelberg lebte, den Umgang vor allem von Arnims mit den Ursprungstexten kritisiert. Im Kern bezieht sich Voß, der in den frühen 1770er Jahren Mitglied der dichtenden Studentengruppe Göttinger Hainbund war, darauf, dass von Arnim die Lieder nicht nur gesammelt, sondern auch bearbeitet und damit ihren ursprünglichen Charakter verfälscht habe. Sogar Mitherausgeber Clemens von Brentano und Jacob Grimm, der gemeinsam mit seinem Bruder bei der berühmten Märchensammlung nicht immer allzu texttreu vorgegangen war, kritisierten von Arnims Beiträge als zu dichterisch. Und auch Goethe hatte in seiner Rezension der ersten Ausgabe von *Des Knaben Wunderhorn* Kritik geübt, auch wenn die Bewertung beim ersten Lesen zunächst wohlwollend erscheint. Für Albert Meier zeugt die Rezension von der Erkenntnis, dass Goethe die „romantische Sehnsucht nach neuer

Einheit dementiert“[92]. Für Goethe sind diese Gedichte, die als Volkslieder bezeichnet werden (obwohl sie aus dem Volk dem stammten und nicht fürs Volk geschrieben worden sind), ein echter poetischer Ausdruck und mit einem nicht unwesentlichen Reiz ausgestattet, auch für Ältere und Gebildete. Aber sie sind für ihn eben kein konstitutives Element einer Volks- oder Nationalverbindung.

IV.II Achim von Arnim und Clemens Brentano: Anführer der Hochromantik

Achim von Arnim und Clemens Brentano haben sich mit *Des Knaben Wunderhorn* ein unüberwindbares Denkmal gesetzt und die gesamte Romantik stark beeinflusst; auch in den deutschen Literaturkanon sind sie mit der Volksliedsammlung eingegangen und haben sich einen festen Platz als Vertreter dieser Gattung erarbeitet. Aber freilich ist es nicht bei dieser Sammlung geblieben, denn die beiden waren äußerst produktive Schriftsteller und damit eben Hauptvertreter der Heidelberger Romantik.

Carl Joachim Friedrich Ludwig Achim von Arnim wurde 1781 in Berlin geboren und verstarb 1831 auf Schloss Wiepersdorf im brandenburgischen Kreis Jüterbog-Luckenwalde. Arnims Vater war der wohlhabende Königlich Preußische Kammerherr Joachim Erdmann von Arnim aus dem uckermärkischen Familienzweig Blankensee, Gesandter des preußischen Königs in Kopenhagen und Dresden und später Intendant der Berliner Königlichen Oper. Achim von Arnim studierte von 1798 bis 1800 Rechts-, Naturwissenschaften und Mathematik in Halle (Saale) und kam über verschiedene Stationen nach Heidelberg und nach Berlin, wo er Clemens Brentanos Schwester Bettina – ebenfalls eine anerkannte Schriftstellerin – heiratete (das Paar bekam sieben Kinder), die berühmte Christlich-deutsche Tischgesellschaft gründete und der heute noch existenten Gesetzlosen Gesellschaft zu Berlin beitrat, bevor er schließlich von 1814 bis zu seinem Tode durch einen Gehirnschlag auf seinem Gut in Wiepersdorf lebte und sich von dort aus mit zahlreichen Artikeln und Erzählungen in Zeitungen, Zeitschriften und Almanachen sowie mit Buchveröffentlichungen am literarischen Leben Berlins und

[92] Meier, *Klassik – Romantik*, S. 194

Deutschlands beteiligte.
Arnim hinterließ eine Fülle von Dramen, Novellen, Erzählungen, Romanen, Gedichten und anderen Arbeiten – aber erstaunlicherweise hat sich keines seiner Werke eine bis heute geltende Reputation erarbeitet, vulgo: Der Leser – man mag diese Verallgemeinerung verzeihen – kennt natürlich den Namen Achim von Arnim, aber kaum einen Text über *Des Knaben Wunderhorn* hinaus. Dabei lohnt es sich durchaus, die Werke kennenzulernen.
Ein Beispiel: der Roman *Armut, Reichtum, Schuld und Buße der Gräfin Dolores*, der zu Ostern 1810 erschienen ist und aus dem Leben der Schwestern Dolores und Klelia und des Grafen Karl erzählt. Der Rahmen ist schnell abgesteckt: Der Vater von Dolores und Klelia, Graf P., hat sich durch leichtsinnigen Lebenswandel verschuldet und sich mit dem restlichen Bargeld nach Übersee davon gemacht. Die Mutter stirbt vor Gram und die Schwestern leben auf dem verfallenden Anwesen allein. Graf Karl, ein junger, vermögender Edelmann und Student, will die vergnügungs- und verschwendungssüchtige Dolores heiraten, während die fromme und zurückhaltende Klelia bei Verwandten auf Sizilien lebt und dort später einen reichen Herzog heiratet. So wechseln sich Armut und Reichtum ab, genauso Schuld und Buße. Denn familiäre und persönliche Verwicklungen sorgen für große Tragödien (unter anderem kommt der Vater der Schwestern zurück) und führen letztlich zu mehreren Toten, unter anderem Dolores, die zuvor zehn Jahre lang als gute Ehefrau und Mutter ein gefälliges Leben geführt hat.
Achim von Arnims Eheroman hat breite Rezeption erfahren, unter anderem bei Joseph von Eichendorff in seinem Roman *Ahnung und Gegenwart*.

> In der Stube fand ich auf einem Tische ein Buch aufgeschlagen, es war die ‚Dolores'. […] Ich las und las, vieles Dunkle zog mich immer mehr an, vieles kam mir so wahrhaft vor, wie meine verborgene innerste Meinung oder wie alte, lange wieder verlorene und untergegangene Gedanken, und ich vertiefte mich immer mehr. Ich las bis es finster wurde. Die Sonne war draußen untergegangen, und nur noch einzelne Scheine des Abendrots fielen seltsam auf die Gemälde, die so still auf ihren Staffeleien umherstanden. […] Ich kann über-

> haupt nicht beschreiben, wie mir damals zumute war; es war das erstemal in meinem Leben, daß ich die wunderbare Gewalt der Poesie im Innersten fühlte, und ich erschrak ordentlich vor mir selber.[93]

Eichendorff sieht *Armut, Reichtum, Schuld und Buße der Gräfin Dolores* als etwas fundamental Neues an,

> als ein Buch, das nicht um den Konflikt zwischen einigen Personen, sondern um der Poesie willen existierte, ein Buch, wie er dergleichen in der deutschen Literatur noch nicht gegeben hatte. In der Tat waren die auf Poesie zielenden bedeutenderen Romanexperimente der neunziger Jahre Fragmente geblieben. Hier aber trat eine Erzählung ans Licht, die sich von vornherein deutlich als Zeitroman gab und nicht als die Geschichte eines frustrierten Bürgers und Künstlers im Gefolge des *Wilhelm Meister*. Die Literatur, die Poesie durchdrang die Gegenwart in ihrer Breite und Tiefe.[94]

(Absichtlich) Fragment wiederum geblieben sind *Die Kronenwächter*, dessen erster Teil 1817 erschienen ist und das stilistisch-formell zwischen Historie, Sage und Märchen changiert. Aus dem Nachlass hat Bettine von Arnim dann weitere Materialien herausgegeben. Die titelgebenden Kronenwächter sind ein terroristischer Geheimbund, der die Krone der Hohenstaufen (das Adelsgeschlecht der Staufer) in Zeiten der Bauernkriege und Reformation verwaltet und sich zum Ziel gesetzt hat, die mittelalterliche Kaiserherrlichkeit der Staufer wieder zu installieren und die Nachfahren durch allerlei Aktivitäten (sowohl legal als auch illegal) vor (Selbst-)Zerstörung zu schützen. Im Zentrum steht

[93] Eichendorff, Joseph von: *Ahnung und Gegenwart. Sämtliche Erzählungen I.* Herausgegeben von Wolfgang Frühwald und Brigitte Schillbach. Frankfurt am Main 2007, S. 206

[94] Schulz, Gerhard: *Die deutsche Literatur zwischen Französischer Revolution und Restauration. Zweiter Teil: Das Zeitalter der napoleonischen Kriege und der Restauration 1806—1830.* München 1989, S. 397; in dem entsprechenden Artikel zu von Arnims Roman werden *in extenso* die verschiedenen Perspektiven und Ebenen behandelt, denen der Leser und Interpret begegnet, und ebenso verweist der Autor Gerhard Schulz auf die politischen, religiösen und ökonomischen Vorstellungen von Arnims, dessen Roman sich zwischen „Wunderlichem und Wunderbarem“ (ebd., S. 401).

Berthold, ein Abkömmling der Hohenstaufen, der aus einer bürgerlichen Existenz heraus durch die Kronenwächter Reichtum erlangt und Bürgermeister in Waiblingen wird, dem Geburtsort des legendären Stauferkaisers Friedrich Barbarossas. Dabei bleibt Berthold immer ein schwächlicher Mensch, auch eine Blutspende des jungen Kraftmenschen und Hohenstaufen-Nachfahren Anton ändert dies nicht. Zwar entwickelt Berthold den Ehrgeiz, ein guter Ehemann und Politiker zu werden und Waiblingen zur freien Reichsstadt zu machen. Aber seine Pläne misslingen und er stirbt in der Gruft seiner Väter.
Achim von Arnim hat als Basis für seinen Roman auf einschlägige historische Quellen zurückgegriffen, aber er hat insofern den Erfolg und die Reichweite seiner *Kronenwächter* eingeschränkt, als dass von Arnim sich auf eine erkennbar süddeutsche bürgerliche Stadtkultur, also geschichtliche Regionalität konzentriert hat. Zugleich aber hat der Autor eine wesentliche Phase der deutschen Geschichte großer historischer Veränderungen behandelt, in der drei gesellschaftliche Gruppen (Adel, Bürger, Bauern) miteinander in Konflikt standen. Der Autor wollte damit nicht nur eine künstlerische Aussage treffen, sondern wirklich etwas bewegen und sich in aktuell politisch-gesellschaftliche Debatten einmischen. Er zielte politisch darauf ab, im Rahmen der Restauration alle Stände zusammenzuführen. Damit wollte von Arnim zur wirtschaftlichen und intellektuellen Entwicklung der Nation beitragen. Der Autor will seine Wahrnehmung von Wahrheit in der Geschichte erläutern und auf diese Weise der Dichtung einen unmittelbaren Zugang zur Welt verschaffen. In der Einleitung zu den *Kronenwächtern* spricht er daher vom „sichern Verkehr mit der Welt“. Wir sollten die *Kronenwächter* damit als das lesen, was sie sind: romantisches Historienromanfragment auf der einen Seite und Einmischung eines politischen, eines wachen Geistes auf der anderen Seite, der historische Realitäten erkennt und anerkennt und von einer ‚natürlichen‘ Entwicklung von Geschichte ausgeht, die sich nicht verändern lässt.

Achim von Arnims Freund Clemens Wenzeslaus Brentano de La Roche wurde am 9. September 1778 in Ehrenbreitstein (heute Koblenz) geboren und starb am 28. Juli 1842 in Aschaffenburg. Seine sieben Jahre jüngere Schwester Bettine wurde, wie oben vorgestellt, die Gattin seines Freundes von Arnim. Brentanos

Herkunft war mehr als ordentlich: Sein Vater Pietro Antonio Brentano, genannt Peter Anton, war ein deutscher Großkaufmann und Diplomat und galt zu seiner Zeit als einer der erfolgreichsten Kaufleute der Stadt Frankfurt. Er entstammte einem Zweig der seit dem 13. Jahrhundert in der Gegend von Como nachweisbaren lombardischen Adelsfamilie Brentano.

Clemens Brentano fiel in seinen jungen Jahren nicht gerade durch eine stringente Lebensführung auf. Nach dem Scheitern einer kaufmännischen Lehre in Langensalza studierte er ab Mai 1797 in Halle Bergwissenschaften und wechselte im Juni 1798 zum Medizinstudium an die Universität Jena. Ab 1801 war er in Göttingen als Student der Philosophie eingeschrieben und lernte Achim von Arnim kennen, zuvor war er in Jena mit den Vertretern der Weimarer Klassik (Christoph Martin Wieland, Johann Gottfried von Herder, Johann Wolfgang von Goethe) und der Frühromantik (Friedrich Schlegel, Johann Gottlieb Fichte und Ludwig Tieck) zusammengekommen. Einen Abschluss erlangte Clemens Brentano übrigens in keinem seiner Studiengänge, sondern widmete sich frühzeitig seinen literarischen Neigungen.

Brentanos Leben sollte auch später nicht von Stetigkeit geprägt sein. Berlin, Böhmen, Wien, wieder Berlin, Dülmen, Frankfurt und München heißen seine Stationen, bevor er am 5. Juli 1842 zu seinem Bruder Christian nach Aschaffenburg zieht, in dessen Haus er nach wenigen Wochen im Alter von 63 Jahren stirbt. Er ist auf dem Aschaffenburger Altstadtfriedhof beigesetzt. Die Grabstätte steht unter Denkmalschutz. Er gehörte in Berlin zu den Gründungsmitgliedern der seit 1810 bestehenden Deutschen Tischgesellschaft und befasste sich immer wieder mit kirchlichen/konfessionellen Fragestellungen. Brentano wird aufgrund seiner Aktivitäten eine nicht unerhebliche Bedeutung in der Vorgeschichte des katholischen Vereinswesens zugeschrieben. So unterstützte Brentano beispielsweise mit seinem Prosawerk *Die Barmherzigen Schwestern* (1831) die Einführung der Kongregation der Barmherzigen Schwestern vom Hl. Vinzenz von Paul in Deutschland.

Aber insbesondere literarisch hat Clemens Brentano ein großes Andenken geschaffen. Im Fokus steht beispielsweise der Roman *Godwi oder Das steinerne Bild der Mutter – Ein verwilderter Roman*, der unter dem Pseudonym Maria bei Friedrich Wilmans in

zwei Teilen bis Ende 1801 veröffentlicht worden ist.[95] Wie lässt sich dieser Roman – übrigens Brentanos einziger – zusammenfassen? Das ist kein leichtes Unterfangen, aber kurz gesagt geht es um den Lebensweg des Barons Karl Godwi, des jungen Sohns eines durchtriebenen, bösartigen Frankfurter Bankiers, der Glück und Genuss als Lebenszweck ansieht. Nach vielen Verwirrungen und Verwechslungen der zahlreich auftretenden Figuren gibt es für einige so etwas ein glückliches Ende, andere wiederum sterben. Godwi selbst führt, „gestützt auf das väterliche Vermögen und ein Rittergut, lieber das Leben eines jungen Playboys zwischen den Klassen" und ähnelt damit seinem Schöpfer Brentano, der ebenfalls der Herkunft nach ein Bürgerlicher war, ein „intellektueller Kaufmannssohn, ohne die Möglichkeit, Geschäft und Neigung in der engen, merkantilistisch regierten Welt seines Vaterlandes zu verbinden."[96] Damit wird nicht nur ein Generationenkonflikt aufgeworfen, sondern auch ein Sozialkonflikt, in dem völlig widerstreitende Lebensentwürfe aufeinanderprallen wie sich abstoßende Pole. Adel und Bürgertum, altes Rollenverständnis und neues Freiheitsstreben, Merkmale der alten und neuen Zeit stehen miteinander im Widerstreit und werden in der Figur Godwi und der Handlung spezifiziert.
Die Forschung hat den *Godwi* als eine Art ‚Bildungsroman' beschrieben, der aber mehr an die Erfindung der Männlichkeit aus Friedrich Schlegels *Lucinde* erinnert als an den berühmtesten aller Bildungsromane, Goethes *Wilhelm Meister*. Das liegt vor allem darin begründet, dass Brentano eine Vielzahl unterschiedlicher Liebesverhältnisse (vor allem im Spiel mit expliziten Verwandtschaftsverhältnissen) darstellt und auch den Ehebegriff zur Diskussion stellt.

> Die Verehrung für mütterliche, schwesterliche oder kindliche Geliebte war […] ein verbreitetes biographisches wie literarisches Phänomen in dieser Zeit. Kaum ein Autor blieb davon unberührt. Eine solche Erscheinung ließe sich zunächst als Reaktion gegen die konventionelle Ehe begreifen. ‚Wir wer-

[95] Das bricht unsere Einteilung der Phasen ein wenig auf. Aber es hätte aufgrund des starken Schwerpunkts und der Bedeutung Brentanos für die Hochromantik kaum Sinn ergeben, die Betrachtung des *Godwi* bereits in Kapitel III vorzunehmen.

[96] Schulz, *Die deutsche Literatur zwischen Französischer Revolution und Restauration I*, S. 434

den eine Liebe haben, wenn wir keine Ehe mehr kennen', heißt es im Godwi, und Brentano tritt hier jener Suche nach einer höheren Form des Zusammenlebens der Geschlechter bei, die Friedrich Schlegels *Lucinde* geprägt hatte. Solcher aus dem Verwandtschaftlichen hervorquellenden Liebe wohnt in der Tat eine Art Freiheit inne, wie sie die durch das Gesetz gesicherte und aufrechterhaltene gesellschaftliche Institution der Ehe nicht besitzt. Daraus aber ergibt sich bei Brentano hier und anderswo in seinem Werk eine sehr merkwürdige Zusammenstellung von Frauengestalten: Es sind entweder Verwandte – bzw. Quasi-Verwandte – oder Prostituierte und Heilige. Denn auch diese beiden letzteren Lebensformen des Weiblichen bieten der Frau freiere Liebes- und Existenzmöglichkeiten als es die Ehe tut. Ein Wort Friedrich Schlegels über den Roman abwandelnd, schreibt Brentano im Godwi, es habe sich ‚in dieser Zeit der Ehe' die Liebe in die ‚verlornen Mädchen' geflüchtet, ‚wie alles Gute sich in die Poesie flüchtet zur Zeit der Barbarei'.[97]

Apropos Heilige: Brentano spielt nicht nur einmal mit christlichen Motiven, sondern setzt diese bewusst und explizit ein. So wird Godwis tote Mutter Marie in die Nähe einer Heiligen gerückt, deren Schwester der Gottesmutter-Beinamen Annonciata trägt und deren erster Geliebter Joseph heißt. Auch der Name ‚Godwi' bedeutet nichts als anderes als ‚wie Gott'. Vielmehr Belege für die Konstruktion einer Art ‚Heiliger Familie' braucht es hier wohl nicht. Godwis Familie wird aus dem Bereich des Profanen entrückt, und insbesondere die Mutter wird sakralisiert. Thomas Borgstedt wiederum weist im Rahmen der „erotischen Wundenmystik" des Romans auf „eine christlich-katholische Bildwelt, die sich von den ursprünglich ästhetisch motivierten Betrachtungen christlicher Kunst durch die Frühromantiker in mancher Hinsicht abhebt, und die daran erinnert, daß sich Clemens Brentano weniger in seiner städtischen Herkunft als vielmehr konfessionell von den durchweg protestantischen Jenaer Romantikern unterscheidet."[98]

---

[97] Ebd., S. 433

[98] Borgstedt, Thomas: „Frühromantik ohne Protestantismus. Zur Eigenständigkeit von Clemens Brentanos ‚Godwi'-Roman", in: *Goethezeitportal*, http://www.goethezeitportal.de/db/wiss/brentano/godwi_borgstedt.pdf, S.

Auch der *Godwi* ist ein Roman von und über die Kunst. Er ist, ganz im frühromantischen Sinne, Fragment geblieben, künstlerisches Schaffen wird mit der Liebe der Geschlechter identifiziert. An einer Stelle heißt es: „Nur der Größte und Gesundeste und Freudigste kann ein großer Dichter werden, der alles dichtet, denn wem die Macht der Ausübung und des Stoffes, das Leben und der Genuß im vollen blühenden Gleichgewicht stehen, der wird und muss ein Dichter werden." Darin wird die Kunst zum Ausdruck größter Harmonie idealisiert. Die Kunst steht im Mittelpunkt der Welt als zentraler Bezugspunkt des Menschen und Ausdruck seiner Fähigkeiten.

Wer den *Godwi* nicht kennt, muss sich keiner Bildungslücke grämen. Aber die Allermeisten kennen ein Gedicht aus dem zweiten Teil des Romans, ohne vermutlich zu wissen, dass dieses dort seinen Ursprung hat. Es startet mit den berühmten Versen:

> „Zu Bacharach am Rheine / Wohnt' eine Zauberin, / Sie war so schön und feine / Und riß viel Herzen hin. // Und brachte viel zuschanden / Der Männer rings umher, / Aus ihren Liebesbanden / War keine Rettung mehr."[99]

Die Rede ist natürlich von der berühmten Ballade *Lore Lay*, die von der Sagenfigur (einer Nixe oder Hexe) erzählt, die auf dem Schieferfelsen Loreley im UNESCO-Welterbe Oberes Mittelrheintal bei Sankt Goarshausen (Rheinland-Pfalz) sitzen soll. Sie wird für die gefährlichen Strömungen und die Echos am Loreley-Felsen verantwortlich gemacht. Der erste, der den Felsennamen auf eine Person übertrug und damit eine Kunstsage schuf, war eben Clemens Brentano, der damit das Echo am Loreley-Felsen aus der Kunst heraus neu erklärte. Vermutlich verband er den Echofelsen mit dem antiken Mythos der Nymphe Echo, die aus Trauer über den Verlust ihres Geliebten zu einem Felsen erstarrte, von welchem fortan ihre Stimme als Echo ertönen sollte. Auch verknüpft Brentano seine Zauberin mit dem berüchtigten ‚Zauberblick', gegen den der Angeblickte wehrlos ist und sich der Loreley (bei Brentano in der Schreibweise ‚Lore Lay') vollständig hingibt. Aber: Loreley

3; Zugriff am 22. Juli 2019

[99] Brentano, *Werke*, Band 1, S. 111

> selbst beabsichtigt gar nicht, die Männer zu verzaubern und zu töten, sie bedauert ihr Handeln, ist tief erschüttert, wenn sie in den Spiegel schaut und dort ihr schönes, verführerisches Gesicht erblickt. Sie kann nicht wirklich lieben, seit ihr Geliebter sie treulos verlassen hat und weit von ihr fortgezogen ist. Ihre Wangen beschreibt sie als rot und weiß, ihren Blick als sanft und gerade deshalb so verzaubernd, ihre Worte als „still und milde" (leise und zart). Dies alles ist zum Verderben der Männer bestimmt. Weil der Geliebte sie verlassen hat, ist ihre Liebe starken Hassgefühlen gewichen, ohne dass sie sich dagegen wehren kann. Ihr Hass auf den Geliebten – den sie in ihrem Innern aber immer noch liebt – wurde zum Hass auf alle Männer, auf das ganze andere Geschlecht. Sie liebt das Leben nicht mehr und möchte sterben. Sie ist nicht gefühllos, in ihrem Herzen schlummern starke Gefühle des Mitleids, deutlich fühlt sie mit ihren Opfern mit. Noch bedeutsamer als der Hass auf alle Männer ist für sie jedoch: sie möchte als Christin sterben, will als Hexe ihre Schuld mit ihrem Tod büßen.[100]

Selbst ein Bischof vor Gericht erliegt ihrem Zauberbann und kann sie nicht zum Tode verurteilen, da er sich sofort in sie verliebt. Doch Loreley bittet um ihre Verurteilung, sie will aufgrund der Enttäuschung über ihren Geliebten sterben: „Drum laßt mein Recht mich finden, / mich sterben wie ein Christ, / Denn alles muß verschwinden, / Weil er nicht bei mir ist." (V.53ff.). Daraufhin schickt der Bischof sie ins Kloster, drei Ritter begleiten sie. Unterwegs will Loreley noch einmal das Schloss des Geliebten sehen und klettert auf einen Felsen über dem Rhein. Da erblickt sie ein Schiff, denkt, der Geliebte sei darauf, beugt sich nach vorn und stürzt in den Fluss. Die Ritter, die sie begleiten, folgen ihr in den Tod.
Brentano hat mit der *Lore Lay* ein Programmgedicht der Romantik geschaffen. Bewusstsein, Unterbewusstes, Seele, Sehnsüchte, Leidenschaft und das menschliche Vermögen von Phantasie spielen eine wesentliche Rolle. Brentano erschafft eine mystische Welt, die an die Phantasie glaubt, und die Lorelay erfüllt

[100] Weiers, Karl Heinz: „Clemens Brentano: Lureley", S. 5f., in: http://www.niess.info/buch/pdf/02%20-%20Brentano/brentano_lureley_handschriftliche_fassung_und_druckfassung.pdf; Zugriff am 23. Juli 2019

alle Ansprüche, die die Romantik an ihre Literatur stellt. Mit seiner Dichtung hat Brentano einen geographischen Ort im mystifizierten Oberen Mittelrheintal und eine mystische Frauengestalt vereint, die aus einer bestimmten literarischen Motivation heraus und auf eine bestimmte Erfüllung hin geschaffen wurde: der Blick in die schöne, aber immer auch tragische Welt der Romantik.

Die *Geschichte vom braven Kasperl und dem schönen Annerl* gehört wohl zu den berühmtesten Novellen Brentanos. Sie erschien erstmals 1817 und ist ein Beitrag Brentanos für ein Benefizprojekt gewesen, das sich an ehemalige Soldaten richtete. Brentano wurde für die Novelle durch den Bericht einer Bekannten inspiriert, die ihm von einem Kindsmord in Schlesien und dem Selbstmord eines Unteroffiziers erzählt hatte. Hauptpersonen sind der Schriftsteller (der Ich-Erzähler der Rahmenhandlung), die Großmutter (die Ich-Erzählerin der Binnenhandlung) und eben Kasperl und Annerl. Von der Großmutter erfährt der Schriftsteller die Geschichte vom Unteroffizier Kasperl, dem die Ehre das Wichtigste im Leben gewesen ist, und seiner Verlobten Annerl, die als Ehebrecherin und Kindsmörderin im Gefängnis auf die Hinrichtung wartet. Kasperl hatte sich am Grab seiner Mutter erschossen, als er erfahren hatte, dass sein Vater und sein Stiefbruder ihn bestohlen hatten. Am Ende werden Annerl und Kasperl mit dem getöteten Kind in einem ehrenvollen Begräbnis gemeinsam beigesetzt, auch die Großmutter stirbt, und die vier ruhen dann neben Kasperls Mutter.

In der Novelle stellt die Ehre das Leitmotiv dar. Der Begriff taucht mehr als100-mal in der Geschichte auf und die verschiedenen Figuren verkörpern gleichzeitig völlig divergierende Ehrvorstellungen. Annerl, Kasperl, die Großmutter, sie alle haben andere Ansichten des Ehrbegriffs, aber alle Ideen führen letztlich ins Grab: Selbst die Großmutter wünscht sich nur zur Ehre Gottes ein ehrenvolles Grab für Annerl und Kasperl und als dies erfüllt wird, sinkt sie zu Boden und stirbt. Auch das dörfliche Grabdenkmal für die beiden tragisch Verstorbenen rekurriert auf den Ehrbegriff, wie das Ende der Novelle aufzeigt:

> Es stellt die falsche und wahre Ehre vor, die sich vor einem Kreuze beiderseits gleich tief zur Erde beugen; die Gerechtigkeit steht mit dem geschwungenen Schwerte zur einen Seite,

die Gnade zur andern Seite und wirft einen Schleier heran. Man will im Kopfe der Gerechtigkeit Ähnlichkeit mit dem Herzoge, in dem Kopfe der Gnade Ähnlichkeit mit dem Gesichte der Fürstin finden.[101]

IV.III Joseph von Eichendorff: Freiherr, Katholik, Meisterdichter

Kaum ein Autor wird wohl so sehr mit dem Attribut „romantisch" ausgestattet wie Joseph von Eichendorff, wohl kein Schriftsteller wird so sehr in der Romantik verortet wie er. Joseph Karl Benedikt Freiherr von Eichendorff[102] ist nicht nur einer der produktivsten Literaten der romantischen Epoche, sondern eben auch einer der bekanntesten, vielleicht sogar der bekannteste überhaupt. Und als Lyriker gehört der adlige Herr wohl auch zu den bedeutendsten Köpfen der deutschen Literaturgeschichte überhaupt – das belegen rund 5000 Vertonungen seiner Gedichte, deren berühmteste zahlreiche Menschen kennen (ohne sie vielleicht Eichendorff direkt zuordnen zu können). Eichendorffs Eltern waren der preußische Offizier Adolf Theodor Rudolf Freiherr von Eichendorff und dessen Frau Karoline. Der Jurist, der schon als junger Mann viele Orte gesehen hatte, nahm an den Befreiungskriegen gegen Napoleon teil, war mit dem Philosophen Johann Gottlieb Fichte und den Literaten von Arnim, Brentano und Heinrich von Kleist bekannt und war seit 1809 mit Aloysia von Larisch (1792 bis 1855), genannt Luise, verlobt, der siebzehnjährigen Tochter des Gutsbesitzers Johann von Larisch. Mit ihr hatte Eichendorff fünf Kinder und war von 1815 bis zu ihrem Tod mit ihr verheiratet. Nachdem Eichendorff 1816 als Referendar in Breslau in den preußischen Staatsdienst eingetreten war, wurde er 1821 zum katholischen Kirchen- und Schulrat zu Danzig und schließlich 1824 zum Oberpräsidialrat zu Königsberg ernannt. 1831 ging er mit der gesamten Familie nach Berlin, um in den Dienst preußischer Ministerien einzutreten, und wurde 1841 zum Geheimen Regierungsrat ernannt. Nach einer schweren Lungenentzündung 1843 ging Eichendorff 1844 in den Ruhestand.

[101] Brentano, *Werke*, Band 2, S. 806

[102] Geboren am 10. März 1788 auf Schloss Lubowitz bei Ratibor, Oberschlesien, gestorben am 26. November 1857 in Neisse, Oberschlesien.

Man weiß als Autor einer solchen Einführung und bekennender Eichendorff-Anhänger kaum, wo man anfangen soll. Soll es die wunderbare Lyrik sein? Oder vielleicht lieber der Roman *Ahnung und Gegenwart*, der noch immer als Geheimtipp gelten darf? Oder würde es vielleicht eher Sinn ergeben, mit *Aus dem Leben eines Taugenichts* zu beginnen, dem vielleicht bekanntesten Text Eichendorffs? Obwohl: Auch *Das Marmorbild* und *Das Schloß Dürande* als Novellen mit wirklich unerhörten Begebenheiten[103] im Zentrum haben das Potenzial, damit zu beginnen. Diese Entscheidung ist ein wirklich schwieriges Unterfangen, also muss eine andere Herangehensweise her. Daher soll das Motiv der blauen Blume der Romantik nochmals aufgegriffen werden, denn Eichendorff hat sich sehr intensiv damit auseinandergesetzt, unter anderem in dem Gedicht, das bereits Kapitel I abgeschlossen hat:

> Ich suche die blaue Blume, / Ich suche und finde sie nie, / Mir träumt, dass in der Blume / Mein gutes Glück mir blüh. // Ich wandre mit meiner Harfe / Durch Länder, Städt und Au'n, / Ob nirgends in der Runde / Die blaue Blume zu schaun. // Ich wandre schon seit lange, / Hab lang gehofft, vertraut, / Doch ach, noch nirgends hab ich / Die blaue Blum geschaut.

In dem Gedicht, das 1818 entstanden ist, artikuliert Eichendorff deutlich die Sehnsucht des lyrischen Ichs nach der blauen Blume, also dem Wesen der Romantik. „Die blaue Blume zu schaun“ ist der existenzielle Wunsch des lyrischen Ichs, das tief in die Romantik eintauchen und darin verwurzelt sein will, denn nur in der blauen Blume kann sich das „gute Glück“ für das lyrische Ich entwickeln. Aber: Es ist nicht leicht, das wirklich romantische Leben zu entdecken und sich dem hinzugeben, denn trotz langer Wanderung findet das lyrische Ich die blaue Blume nicht. Die blaue Blume bezeichnet den Idealzustand des romantischen Geistes, nach dem es zu suchen und zu streben lohnt, der aber nicht am nächsten Wegesrand wartet.

---

[103] Goethe formuliert 1827 in einem Gespräch mit Johann Peter Eckermann als wesentliches Merkmal der Novelle „eine sich ereignete unerhörte Begebenheit“. Diese Begebenheit stellt oft den Wendepunkt der Handlung dar.

Heißt das nun vielleicht, es gibt keine echte Romantik? Sicherlich, der Ton des Gedichts ist frustrierend, das lyrische Ich kommt zu keinem erfolgreichen Ende. Das könnte die These stützen, dass die Romantik nur ein Trugbild ist, das keine Erfüllung verheißt. Aber ist dem wirklich so? Kritisiert Joseph von Eichendorff derart die Romantik, die ihn menschlich und literarisch so geprägt hat und von deren Grundvorstellungen er zutiefst überzeugt ist? Das ist natürlich nicht anzunehmen, denn wir dürfen nicht vergessen: Die blaue Blume ist der „Inbegriff aller romantischen Sehnsucht nach dem Unendlichen, Unerreichbaren, Unbedingten, dem entgrenzenden Erlebnis des All-Einen als Ziel von Leben und Kunst und fast sakrale Losung der Romantik."[104] Die blaue Blume *kann* also gar nicht erreicht werden, sie ist nicht greifbar, sondern ständige Motivation, weiterzugehen und den Weg der Romantik konsequent zu verfolgen. Nicht Besitz, sondern Streben ist die Losung der Romantik, die Eichendorff uns hier eindrücklich vor Augen führt. Wer die Romantik in ihrem Wesen besitzen will, wird scheitern; also kann es nur heißen, die blaue Blume als Ansporn zu betrachten und seinen Lebensweg daran auszurichten.

Die Kraft und Dynamik des romantischen Strebens, aber auch die Gefahr, sich maßlos zu verzetteln, thematisiert Eichendorff in seinem berühmten Lied *Frische Fahrt.*[105] Schon die Alliteration und Wortwahl des Titels weisen eine hohe Geschwindigkeit auf, es geht rasant her. Das lyrische Ich nimmt diese Fahrt auf dem romantischen Lebensweg, heraufbeschworen durch den Frühling, auf – ohne zu wissen, wo oder wann diese Fahrt zu Ende gehen mag.

> Laue Luft kommt blau geflossen, / Frühling, Frühling soll es sein! / Waldwärts Hörnerklang geschossen, / Mut'ger Augen lichter Schein, / Und das Wirren bunt und bunter / Wird ein magisch wilder Fluß, / In die schöne Welt hinunter /Lockt dich dieses Stromes Gruß. // Und ich mag mich nicht bewahren! / Weit von Euch treibt mich der Wind, / Auf dem Strome will ich fahren, / Von dem Glanze selig blind! / Tausend Stimmen lockend schlagen, / Hoch Aurora flammend weht, / Fahre zu! ich mag nicht fragen, / Wo die Fahrt zu

[104] von Wilpert, *Sachwörterbuch der Literatur*, S. 95
[105] Eichendorff, *Sämtliche Gedichte und Versepen*, S. 119

Ende geht!

Eine größere Zahl der im Gedicht aufgeführten Motive und Symbole sind uns bereits bei anderen Autoren begegnet, vor allem in Brentanos Heidelberg-Gedicht. Bei Eichendorff zeigt sich einmal mehr die Nutzung bestimmter Adjektive, die auf Bewegung, Töne und bestimmte visuelle Erscheinungen hinweisen, die wiederum starken Bezug zur Natur haben. Das sind deutliche Merkmale der Romantik und weisen auch *Frische Fahrt* als eine Art Programmgedicht der Epoche in ihrer zweiten Stufe, der Hochromantik, aus. Es ist kein Wunder, dass *Frische Fahrt* im Deutschunterricht regelmäßig als *das* romantische Vorzeigegedicht thematisiert wird. Wie an kaum einem anderen Text lassen sich hier romantische Sprache und Motivik darin erkennen und analysieren.
Der Frühling erscheint hierbei weiterführend als Symbol für die romantische Reise, die sich schnell zu einem „magisch wilden Fluß" entwickelt und damit eine hohe Dynamik aufnimmt, gegen die sich das lyrische Ich – wohl leicht identifizierbar mit dem anonymen Sprecher der ersten Strophe – kaum wehren kann: Der Wind treibt das lyrische Ich weit ab von seinen sozialen Kreisen, und er ist vom „Glanze selig blind", also mit Blindheit geschlagen vor der Schönheit und dem Treiben des romantischen Weges, manifestiert in der Erfahrung der Natur in all ihren Facetten. „Tausend Stimmen" locken das lyrische Ich, versuchen es zu verwirren und vom Weg abzubringen bzw. es auf einen Pfad zu locken, der den euphorischen Aufbruch der ersten Strophe zu einem schlechten Ende führen könnte – aber die ungebändigte Morgenröte, symbolisiert in der Figur der antiken Göttin Aurora, gibt neue Kraft, den Weg fortzusetzen, sodass negative Gedanken beiseite geschoben werden und der Weg, die „frische Fahrt" des Titels, fortgesetzt werden kann.
Wieder begegnen wir der Farbe der Romantik, diesmal ist es die Luft, die „blau" fließt, dazu treten Motive wie das der Jagd, die für Aufbruch in den Frühling, für Erneuerung und Bewegung stehen. Und genauso spielt Eichendorff wiederum mit den Schattenseiten der Romantik: einer bunten, verwirrenden Welt, die einen nicht mehr loslässt, in der man sich leicht verzettelt und mit Anlauf ins Ungewisse aufmacht – und der Wald als eigentlicher romantischer Zufluchtsort ist keineswegs zuverlässig,

sondern letztlich genauso verwirrend wie die Welt.

Das lässt sich gut mit einem weiteren berühmten Text vergleichen, der *Frühlingsfahrt*[106] von zwei Gesellen, die im Frühling in die Welt aufbrechen, voller Motivation und Tatendrang und am Ende im Sinne der Romantik scheitern. Der eine, weil er als sogenannter Philister, also als der erbarmungswürdige Spießbürger der Romantik, mit Frau, Kind, Haus und Hof endet (aber glücklich dabei ist, mithin eben nicht dem romantischen Ideal entspricht). Der andere, weil die mannigfachen Verlockungen als Symbole der Romantik ihn „in der buhlenden Wogen / Farbig klingenden Schlund" zogen. Es ist in dieser Welt mehr Schein als Sein, und der Schein trügt, das muss der romantisch-dynamische, reisende Gesellen, der für seinen bürgerlichen Freund sicherlich nur Verachtung übrighat, auf bittere Weise erfahren: „Und wie er auftaucht vom Schlunde, / Da war er müde und alt".

Wenn diese Verse nicht die ultimative Frustration bedeuten, die Abrechnung mit dem eigentlichen Sinn des romantischen Strebens. Wie Hartwig Schultz schreibt, ist das Schicksal des poetischen Menschen „noch viel schlimmer als das des Hausvaters: Er geht mit seinem Lebensschiff unter. Die Verlockungen haben sich als Trug erwiesen."[107] Eichendorff führt eindrucksvoll vor Augen, dass es nicht nur Schwarz und Weiß gibt, sondern das Leben aus Schattierungen besteht. Die reine Schwärmerei kann in den Abgrund führen, und das Leben des bürgerlichen Philisters bietet bestimmte Anreize im Vergleich zu den Volten, die das Leben auf der romantischen Pirsch schlagen kann.

> Literarhistorisch gesehen handelt es sich um eine Kritik der Frühromantik. Nach Eichendorffs Auffassung, die er in seinen beiden Romanen durch die Darstellung von fehlgeleiteten, scheiternden Dichterpersönlichkeiten verdeutlicht, kommt es darauf an, die Natur als bedeutungsträchtige Schöpfung Gottes wahrzunehmen. Das Buch der Natur, ihr ‚stilles ernstes Wort', ist zu entziffern. Eichendorff denkt hier nach Art der barocken Emblematik: Jeder Naturerscheinung – sei es der Anbruch des Tages, der Aufstieg der singenden

[106] Eichendorff, *Sämtliche Gedichte und Versepen*, S. 224

[107] Schultz, Hartwig: *Joseph von Eichendorff. Biographie.* Frankfurt am Main 2007, S. 165

Lerche oder die Gemeinschaft der Baumstämme im Wald – wohnt ein tieferer Sinn inne, der im christlichen Sinne entschlüsselt werden muß. Das Gefühl ist dabei eher hinderlich, und es nützt auch nichts, wenn ein Dichter mit der Schiefertafel in die Natur geht, um unmittelbar seine Eindrücke aufzuzeichnen. Auf das ‚rechte', christliche Bewußtsein kommt es an. Vermutlich denkt Eichendorff bei seiner Kritik der ‚falschen' Romantik in diesem Gedicht an Autoren wie Ludwig Tieck, dem er später in seinen literarhistorischen Schriften mangelnde Religiosität vorwarf, oder Loeben, den gefühligen ‚After-Romantiker', den er bereits in *Ahnung und Gegenwart* verspottete.[108]

Eichendorff verdammt das romantische Streben nicht, keineswegs. Er ist sich aber der Sache bewusst, dass eine Übersteigerung im Denken und Handeln durchaus negativ sein kann: „Erfahrungen des Fremdseins, der Verlorenheit und Isolation unter den Menschen, des unsteten Hin und Her zwischen Heimat und Fremde durchziehen sein ganzes Werk […]."[109] Dass dies natürliche Merkmale der Romantik sind, ist an anderen Stellen bereits besprochen worden. Der romantische Held weiß oftmals nicht, wohin er gehört und wohin ihn sein Weg führen wird. Daher geht er diesen mit dem Risiko, dass er ihn in den Abgrund führt. Romantisches Leben bedeutet damit Entgrenzung und ultimative Freiheit auf der einen Seite, aber eben auch die Gefahr des Untergangs und die völlige Unverträglichkeit mit der Gemeinschaft, die ja größtenteils eben nicht romantisch, sondern sehr profan eingestellt ist und auf das behagliche Bürgerleben abzielt – philisterhaft eben.

Das hat natürlich auch mit Eichendorffs stark ausgeprägtem Katholizismus zu tun. Eichendorff ist ein dezidiert christlich-katholischer Dichter, der aus seinem Glauben keinen Hehl macht. Wenn Gerhard Schulz im Kontext der Gedichte Eichendorffs schreibt, der Wald bei Eichendorff bilde eine „Art christlicher Universalkirche" aus, und die Lyrik die „Feier einer Gottesland-

---

[108] Schultz, Hartwig: *Joseph von Eichendorff. Biographie.* Frankfurt am Main 2007, S. 165f.
[109] Schulz, *Die deutsche Literatur zwischen Französischer Revolution und Restauration II*, S. 771

schaft und Gottesnatur“[110], so ist dies nur die Spitze des berüchtigten Eisbergs. Denn in der erzählenden Dichtung vervielfältigt sich der christlich-katholische Impetus, und auch die expliziten Verweise auf die Gefälligkeit, Schönheit und Würde eines katholischen Lebens nehmen zu. So schreibt Eichendorff beispielsweise vom Katholizismus als der „ursprünglichen Gestalt“ des Christentums und rühmt Novalis dafür, dass dieser sich dem „ächtkatholischen Mittelalter“ zuwendet und die „Anwendung des Katholizismus auf die Gegenwart [...], die katholische Durchdringung des Lebens, namentl.: der Poesie“[111] versucht.

Joseph von Eichendorffs Novelle *Das Marmorbild* (1819) stellt den Konflikt zwischen einer fantastisch-magischen Vorstellung der Antike und einer christlich fundierten romantischen Lebenswelt dar. Während die christliche Ebene ruhig, sittlich und zukunftsbejahend ist, erscheint die antike Ebene mit all' ihren fantastischen Potenzialen als bunt, schillernd und buhlerisch, mithin als diametraler Gegensatz zum christlichen Lebensentwurf, der das romantische Weltbild bestimmt. Der Held Florio wird aufgrund seines ungefestigten Charakters in die antikisierte, fantastische Scheinwelt gezogen und geht darin beinahe zugrunde; gerettet wird er letztlich nur durch sein christliches Wissen und die Anwendung desselben.

Im Mittelpunkt der Novelle steht der Zwiespalt der Gefühle des jungen Edelmannes Florio für die reine und unschuldige Bianka als Vertreterin des Christentums, die ihn liebt, auf der einen Seite und denen für das zu Fleisch gewordene heidnische Marmorbild der Venus auf der anderen Seite. Florio steht damit auch zwischen seinem Freund Fortunato, einem bekannten und fröhlichen Sänger, und dem diabolisch anmutenden Ritter Donati als dem Begleiter der Venus. Am Ende findet Florio durch Fortunatos Lieder und ein Gebet aus tiefstem Herzensgrunde wieder zu Gott zurück und wendet sich in Liebe Bianka zu. Die Leser erkennen vom christlichen Standpunkt aus den Kampf Florios zwischen der Versuchung des Heidentums, verkörpert durch die Venus als heidnische Göttin und Donati, ihrem teuflischen und dämonischen Ritter, und dem richtigen, christlichen Weg, welcher eben von den „weißen“, reinen Hauptfiguren Fortunato und Bianka symbolisiert wird und auf den Florio letztlich wieder

[110] Ebd., S. 775
[111] Schultz, *Joseph von Eichendorff. Biographie*, S. 273

zurückfindet. Aus christlich-religiöser Sicht handelt es sich also um ein Happy End, und auch menschlich-sozial wird die richtige Entscheidung getroffen.
Die der Novelle eigene unerhörte Begebenheit ist die Erweckung des Marmorbildes zum Leben in Gestalt einer schönen Dame.

> Lauschend blieb er stehn, die Töne kamen immer näher und näher, da trat plötzlich in dem stillen Bogengange eine hohe schlanke Dame von wundersamer Schönheit zwischen den grünen Bäumen hervor, langsam wandelnd und ohne aufzublicken. Sie trug eine prächtige mit goldnem Bildwerk gezierte Laute im Arm, auf der sie, wie in tiefe Gedanken versunken, einzelne Akkorde griff. Ihr langes goldenes Haar fiel in reichen Locken über die fast blassen, blendendweißen Ärmel, wie vom Blütenschnee gewoben, wurden von zierlichen goldnen Spangen gehalten, den schönen Leib umschloß ein himmelblaues Gewand, ringsum an den Enden mit buntglühenden, wunderbar in einander verschlungenen Blumen gestickt. Ein heller Sonnenblick durch eine Öffnung des Bogenganges schweifte so eben scharfbeleuchtend über die blühende Gestalt. Florio fuhr innerlichst zusammen – es waren unverkennbar die Züge, die Gestalt des schönen Venusbildes, das er heute Nacht am Weiher gesehen.[112]

Das ist wirklich unerhört, ein manifestiertes heidnisches Venusbild, das im Widerspruch mit der jungfräulich-mütterlichen Maria eine zusätzliche, bedrohliche Dimension von Weiblichkeit und Liebe aufzeigt. Der heidnische Zauber erprobt seine Macht an Florio, der aber von letztlich von Fortunatos Lied wiedererweckt wird und sich dem Zauber dadurch entziehen kann. In der entscheidenden, fast wie in einem Albtraum geschilderten Nacht wird Florio mit der Dame konfrontiert. Es erfasst ihn jedoch ein „tödliche[s] Grausen" und die Dame erscheint „starr mit geschlossenen Augen und ganz weißem Antlitz und Armen" vor ihm, ein „schreckliches Gesicht" entgegenstreckend, während Bilder sich zu bewegen beginnen und Blumen wie Schlangen erscheinen – nur durch die „immer gewaltiger verschwellenden Töne[.] des Gesanges im Garten" erwacht Florio aus der

[112] Eichendorff, *Ahnung und Gegenwart. Sämtliche Erzählungen I*, S. 401

Schreckensvision und erkennt, dass die dämonenhafte Dame „immer bleicher und bleicher" wird: „Der Sänger Fortunato, so kam es ihm vor, fuhr abgewendet und hoch aufrecht stehend im Kahne mitten auf dem Weiher, noch einzelne Akkorde in seine Guitarre greifend." Das Lied, das er singt, handelt eben von der Gottesmutter Maria:

> Denn über Land und Wogen / Erscheint, so still und mild, / Hoch auf dem Regenbogen / Ein andres Frauenbild. // Ein Kindlein in den Armen / Die Wunderbare hält / Und himmlisches Erbarmen / Durchdringt die ganze Welt. // Da in den lichten Räumen / Erwacht das Menschenkind / Und schüttelt böse Träume / Von seinem Haupt geschwind.[113]

Auch ohne Studium der Theologie erkennt man den christlichen Impetus überdeutlich. Die Gottesmutter Maria wird angerufen, „böse Träume" abzuschütteln und Erbarmen herabzusenden auf den, der es gerade besonders benötigt. Damit hat Fortunato Florio gerettet, der Edelmann hat sein Leben damit einer Art ‚Gebet im Lied' zu verdanken; weil Florio nie vergisst, dass er aus dem katholischen Christentum herkommt, lässt er sich durch dieses Lied aus dem antikisierten Horror des Venus-Landhauses befreien und kommentiert dies mit dem späteren Ausruf: „Mein Gott! wo bin ich denn so lange gewesen!"[114] Damit ist alles gesagt, und Florio kann seine Visionen zu seinem und dem Besten seiner Mitmenschen abschütteln. Er ist gerettet und kann sich Bianka hingeben:

> Bianka blickte ihn ruhig an, statt aller Antwort selber wie fragend, mit ungewisser, noch halb zurückgehaltener Freude an und sah recht wie ein heiteres Engelsbild auf dem tiefblauen Grunde des Morgenhimmels aus. Der Morgen schien ihnen, in langen goldenen Strahlen über die Fläche schießend, grad entgegen. Die Bäume standen hell angeglüht, unzählige Lerchen sangen schwirrend in der klaren Luft. Und so zogen die Glücklichen fröhlich durch die überglänzten Auen und das blühende Mailand hinein.[115]

---

[113] Eichendorff, *Ahnung und Gegenwart. Sämtliche Erzählungen I*, S. 420ff.
[114] Ebd., S. 421
[115] Ebd., S. 428

Der Germanist Dieter Heimböckel fasst die Novelle und die Entwicklung Florios folgendermaßen zusammen:

> Zwischen den in Eichendorffs Stück entfalteten Gegensätzen: zwischen Morgen und Mittag (oder auch Nacht), Gut und Böse, weiter Natur und begrenzter Kunstlandschaft, Christentum und Heidentum, Leben und Tod, Entfaltung und Gefährdung, changiert der Werdegang des Protagonisten Florio, der zu Beginn als naiver Jüngling in Erscheinung tritt, dann der Verführung der Venus erliegt, um schließlich aus dieser Erfahrung zu einem geistig erwachsenen – gleichsam neugeborenen – Menschen heranzureifen.[116]

IV.III.1 *Ahnung und Gegenwart*

Wir haben eben schon den Romantitel *Ahnung und Gegenwart* genannt, sodass es durchaus Sinn ergibt, mit der Betrachtung dieses Werkes an dieser Stelle fortzufahren. Ahnung und Gegenwart ist der erste Roman von Joseph von Eichendorff, der, im Herbst 1812 vollendet, 1815 erschien und vor dem zeithistorischen Hintergrund der Befreiungskriege[117] gegen Napoleon angesiedelt ist. Ganz kurz gesagt, handelt *Ahnung und Gegenwart* vom jungen Grafen Friedrich, der im Kampf gegen ausländische Invasoren unterliegt, seinen Besitz verliert und hinter Klostermauern schließlich Frieden findet. In der Abgeschiedenheit eines Waldschlosses kehrt sich Friedrich ab vom Weltleben, wird ruhig und findet Kraft in der Religion, seine ehemalige Geliebte Rosa vergisst er, wie das Ende des Romans eindrücklich aufzeigt:

> Als er in die Kirche eintrat, fand er dort noch alles leer und stille. Nur einige fromme Pilger waren noch hin und her in

[116] Heimböckel, Dieter: „Ein ‚Meer von Stille' oder Von der Ungleichheit des Gleichen. Zum Wiederholungsstil in Joseph von Eichendorffs *Das Marmorbild*", in: *Goethezeitportal*, http://www.goethezeitportal.de/fileadmin/PDF/db/wiss/eichendorff/marmorbild_heimboeckel.pdf, S. 5; Zugriff am 26. Juli 2019

[117] Als Befreiungskriege oder Freiheitskriege werden die kriegerischen Auseinandersetzungen in Mitteleuropa von 1813 bis 1815 zusammengefasst, mit denen die französische Vorherrschaft unter Napoleon Bonaparte über große Teile des europäischen Kontinents beendet wurde. Sie gehören zu den Napoleonischen Kriegen und bilden als Teile des Sechsten Koalitionskrieges ihren Abschluss.

> den Bänken zerstreut. Auch die hohe, verschleierte Dame von Gestern bemerkte er wieder unter ihnen. Er kniete vor einen Altar und betete. Als er wieder aufstand und sich umwandte, wobei ihm durch ein offenes Fenster die Morgenhelle grade auf Brust und Gesicht fiel, sank plötzlich die Dame ohnmächtig auf den Boden nieder. Mehrere Bediente sprangen herbei und brachten sie vor die Tür, wo ein Wagen ihrer zu warten schien. – Es war Rosa. – Friedrich hatte nichts mehr davon bemerkt. Beruhigt und glückselig war er in den stillen Klostergarten hinausgetreten. Da sah er noch, wie von der einen Seite Faber zwischen Strömen, Weinbergen und blühenden Gärten in das blitzende, buntbewegte Leben hinauszog, von der andern Seite sah er Leontins Schiff mit seinem weißen Segel auf der fernsten Höhe des Meeres zwischen Himmel und Wasser verschwinden. Die Sonne ging eben prächtig auf.[118]

Der romantische Weg des Helden vollendet sich im Glauben. Aus der unsteten Wanderschaft entsteht eine Hinwendung zur Ruhe und Zurückgezogenheit, die ihre Unmittelbarkeit im geschützten sakral-klerikalen Raum findet. Die Romantik in ihrer ganzen bunten, schnellen Pracht ist Startpunkt und Beginn einer Entwicklung des Helden, ein wesentlicher Teil des Lebenswegs. Aber sie ist eben, zumindest in *Ahnung und Gegenwart*, nur das. Sie ist nicht Lebensmittelpunkt, sondern Hinführung zu dem, das durch die Romantik erst gefunden werden muss. Bei Friedrich ist es der Glaube, der ihn nun viel länger tragen soll als der romantische Impetus, der für ihn nur ein kurzer, aber dafür umso intensiverer Begleiter war. Das romantische Leben leitet ins religiöse Leben über und bricht dieser Weiterentwicklung Bahn.

Dass die christ-katholische Religiosität ganz oben bei Eichendorff angesiedelt ist, lässt sich auch aus einem weiteren Satz Friedrichs kurz vor der Schlussszene entnehmen. Er hat erkannt: „Verloren ist, wen die Zeit unvorbereitet und ungewaffnet trifft."[119] Es geht um die innere Freiheit, um den inneren Frieden, den ein unbeugsames Gottvertrauen schaffen kann; auch

[118] Eichendorff, *Ahnung und Gegenwart. Sämtliche Erzählungen I*, S. 381f.
[119] Ebd.

Ruhe und Gelassenheit sind darin zu finden: Wer sich auf das, was da kommen mag, in treuem, festem Glauben vorbereitet, den kann nichts schrecken. Fast erinnert dies an die zweite Strophe des 1831 entstandenen, sehr bekannten Liedes aus dem feierlichen Gottesdienst der Osternacht *Erschalle Laut, Triumphgesang!*: „Uns schreckt nun nicht des Todes Nacht, / vor der die Väter einst erbebet: / denn der am Kreuze starb, er lebet / und hat das Leben uns gebracht, / und Todesfurcht ist nicht mehr da. Halleluja."

Das ist ein fundamentaler Unterschied zum Beginn des Romans, wobei aufmerksame Leser die Spiegelung des ersten und letzten Satzes bemerken werden: „Die Sonne ging eben prächtig auf", heißt es am Ende, während der erste Satz lautet „Die Sonne war eben prächtig aufgegangen [...]". Der Romaneinstieg komplett lautet:

> Die Sonne war eben prächtig aufgegangen, da fuhr ein Schiff zwischen den grünen Bergen und Wäldern auf der Donau herunter. Auf dem Schiffe befand sich ein lustiges Häufchen Studenten. Sie begleiteten einige Tagesreisen weit den jungen Grafen Friedrich, welcher so eben die Universität verlassen hatte, um sich auf Reisen zu begeben. Einige von ihnen hatten sich auf dem Verdecke auf ihre ausgebreitete Mäntel hingestreckt und würfelten. Andere hatten alle Augenblick neue Burgen zu salutieren, neue Echos zu versuchen, und waren daher ohne Unterlaß beschäftigt, ihre Gewehre zu laden und abzufeuern. Wieder andere übten ihren Witz an allen, die das Unglück hatten am Ufer vorüberzugehen, und diese aus der Luft gegriffene Unterhaltung endigte dann gewöhnlich mit lustigen Schimpfreden, welche wechselseitig so lange fortgesetzt wurden, bis beide Parteien einander längst nicht mehr verstanden. Mitten unter ihnen stand Graf Friedrich in stiller, beschaulicher Freude. Er war größer als die andern, und zeichnete sich durch ein einfaches, freies, fast altritterliches Ansehen aus. Er selbst sprach wenig, sondern ergötzte sich vielmehr still in sich an den Ausgelassenheiten der lustigen Gesellen; ein gemeiner Menschensinn hätte ihn leicht für einfältig gehalten. Von beiden Seiten sangen die Vögel aus dem Walde, der Widerhall von dem Rufen und Schießen irrte weit in den Bergen umher, ein frischer Wind strich über

das Wasser, und so fuhren die Studenten in ihren bunten, phantastischen Trachten wie das Schiff der Argonauten. Und so fahre denn, frische Jugend! Glaube es nicht, daß es einmal anders wird auf Erden. Unsere freudigen Gedanken werden niemals alt und die Jugend ist ewig.[120]

Vom zurückgezogenen, aber dennoch fröhlichen und weltzugewandten Studenten, der sich innerhalb seiner sozialen Gruppe am wohlsten fühlt und in der Welt nach Ruhe und Entspannung, Abwechslung und Kurzweil sucht, entwickelt sich Graf Friedrich also freiwillig zum in sich gekehrten Klosterbruder, der sogar die frühere Geliebte Rosa vergisst, die er schon früh im Roman trifft. Albert Meier schreibt:

Graf Friedrich, die Zentralfigur, macht eine in sich plausible Entwicklung durch und findet zuletzt seine Bestimmung im Kloster. Anders als *Wilhelm Meisters Lehrjahre* scheint *Ahnung und Gegenwart* eine genuine Bildungsgeschichte zu erzählen, die das Schicksal des Helden umfassend motiviert und alle Rätsel am Ende löst. In einem Brief an Otto Heinrich Graf von Loeben hat der Verfasser diese Distanz seines Werks zur landläufigen Vorstellung von romantischer Dichtung angesprochen. *Ahnung und Gegenwart* ‚ist leider von aller mystischen Romantik eben so weit entfernt, als die Zeit, in welcher er handelt, von jener alten wunderbaren Welt.[121]

Dies alles entfaltet sich in der politisch zerrissenen Gegenwart der antinapoleonischen Kriege. Zeitlich erkennbar ist das Jahr 1809 mit Österreichs Niederlage im fünften Koalitionskrieg als historischer Bezugspunkt. Friedrich schließt sich dem Landsturm an, ficht tapfer und wird verwundet, gehört aber schließlich zu den Verlierern des Krieges und zieht güterlos und geächtet durchs Land.
Gerhard Schulz weist ebenfalls auf die Charakterentwicklung von Eichendorffs Grafen Friedrich hin. Dieser

geht durch seine Zeit hindurch, abgestoßen von Hohlheit und Verantwortungslosigkeit des ästhetisierenden Adels in

[120] Eichendorff, *Ahnung und Gegenwart. Sämtliche Erzählungen I*, S. 57
[121] Meier, *Klassik – Romantik*, S. 377

> den Städten, den Verführungen einer ebenso verantwortungslosen Sinnlichkeit widerstehend, beglückt von den Idyllen auf den kleinen Schlössern des Landadels, aber zugleich überzeugt von dessen Archaik und Wirkungslosigkeit, und schließlich frustriert von dem mißlungenen Kampf gegen die fremden Okkupanten in Tirol, bei dem er seinen eigenen Besitz verliert. So bleibt ihm am Ende nur das Gewand des geistlichen Ritters und der geistliche Kampf für sein Land im Zeichen des Kreuzes.[122]

Ganz im Sinne des romantischen Romans hat Poesie nicht nur hohen Wert, sondern ist bei Eichendorff in *Ahnung und Gegenwart* Programm. Und diese Gedichte werden nicht nur beiläufig eingestreut, sondern haben eine relevante und eigenständige Bedeutung für das Schaffen Eichendorffs und die deutsche Literaturgeschichte. Herausragendes Beispiel dafür ist das Gedicht *Zwielicht*, das zu den bedeutendsten lyrischen Werken Eichendorffs gehört und in so gut wie allen Lyrik-Anthologien deutscher Sprache zu finden ist. Das Gedicht kommuniziert romantisches Programm und ist in seiner gesamten Sprache und Symbolik tief in der Epoche verankert. Zudem offeriert *Zwielicht* nach dem Dunkeln der Nacht eine positive Grundhaltung, die in die Zukunft schaut und Wachheit, Wiedergeburt und eine muntere Einstellung als wesentliche Lebensmodelle darstellen. Nach jeder Nacht kommt ein neuer Tag, den es als neue Zukunft zu nutzen gilt, um das Beste daraus zu machen.

> Dämmrung will die Flügel spreiten, / Schaurig rühren sich die Bäume, / Wolken zieh'n wie schwere Träume – / Was will dieses Grau'n bedeuten? // Hast ein Reh du, lieb vor andern, / Laß es nicht alleine grasen, / Jäger zieh'n im Wald' und blasen, / Stimmen hin und wieder wandern. // Hast du einen Freund hienieden, / Trau ihm nicht zu dieser Stunde, / Freundlich wohl mit Aug' und Munde, / Sinnt er Krieg im tück'schen Frieden. // Was heut müde gehet unter, / Hebt sich morgen neugeboren, / Manches bleibt in Nacht verloren – / Hüte dich, bleib' wach und munter![123]

---

[122] Schulz, *Die deutsche Literatur zwischen Französischer Revolution und Restauration II*, S. 489

[123] Eichendorff, *Ahnung und Gegenwart. Sämtliche Erzählungen I*, S. 270

Und auch *Das zerbrochene Ringlein* bzw. *In einem kühlen Grunde* gehört zu den bekannten Gedichten der Romantik und ist für *Ahnung und Gegenwart* geschrieben worden.

> In einem kühlen Grunde / Da geht ein Mühlenrad / Mein' Liebste ist verschwunden, / Die dort gewohnet hat. / Sie hat mir Treu versprochen, / Gab mir ein'n Ring dabei, / Sie hat die Treu' gebrochen, / Mein Ringlein sprang entzwei. // Ich möcht' als Spielmann reisen / Weit in die Welt hinaus, / Und singen meine Weisen, / Und geh'n von Haus zu Haus. // Ich möcht' als Reiter fliegen / Wohl in die blut'ge Schlacht, / Um stille Feuer liegen / Im Feld bei dunkler Nacht. // Hör' ich das Mühlrad gehen: / Ich weiß nicht, was ich will — / Ich möcht' am liebsten sterben, / Da wär's auf einmal still![124]

Es ist ein trauriges Liebeslied, das Eichendorff uns hier vorlegt. Es handelt von einem treulosen Mädchen, das die Beziehung zu einem offensichtlich sehr verliebten Jüngling plötzlich abgebrochen hat, weshalb das „Ringlein", das der Jünglein von dem Mädchen erhalten hat, einfach zerbrochen ist. Der Wunsch des jungen Mannes ist daher, in den Krieg zu ziehen. Denn: Immer, wenn er ein Mühlrad gehen hört (seine Liebste hat in einer Mühle gewohnt und ist damit wohl die Tochter des Müllers), will er nur sterben. Es ist die Geschichte eines gebrochenen Herzens, die sich wie natürlich gewachsen in den Roman integriert. Eichendorff leitet das Gedicht nämlich mit folgender Landschaftsbeschreibung ein: „Der Bach rauschte melankolisch an der alten Mühle vorüber, die halbverfallen dastand, und schon lange verlassen zu sein schien; das Rad war zerbrochen und stand still."[125]

Gerhard Schulz fasst den Roman hinsichtlich seiner Konzeption und Figuren folgendermaßen zusammen:

> *Ahnung und Gegenwart* spiegelt selbstverständlich die Erfahrungen seines Autors, aber es ist kein autobiographischer Roman. Seine Gestalten sind keine Porträts von wirklichen Per-

---

[124] Ebd., S. 298f.
[125] Ebd., S. 298

sonen; ihnen fehlt sogar oft jenes Quantum von Individualität, das sie leicht voneinander unterscheidbar machte, ganz so wie auch der Landschaft des Romans diese Individualität fehlt. [Eichendorff inszeniert] eher ein Spiel innerer Kräfte, wenngleich mit solcher Anschaulichkeit und Farbkraft, daß der Roman nirgends zur blassen Allegorie erstarrt. Angelpunkt in diesem Spiel aber ist der Gegensatz von Freiheit und Bindung, Bewegung und Ruhe, und zwar im Politischen ebenso wie im Literarischen und Erotischen. Sind jedoch die politischen und literarischen Gegensätze verhältnismäßig leicht erfaßbar, so fuhr das Erotische in jene Abgründe hinein, die Eichendorff in den Bildern seiner Lyrik unvergeßlich dargestellt hat, seien es nun die Tiefen der Berge, des Waldes, der Nacht oder des Meeres.[126]

IV.III.2 *Aus dem Leben eines Taugenichts*

Aus dem Leben eines Taugenichts ist die bekannteste Novelle von Joseph von Eichendorff. Sie wurde 1822/1823 fertiggestellt und 1826 erstmals veröffentlicht. Das Werk gilt als Höhepunkt musikalischer Prosa, ist beispielhaft für die Spätromantik[127] und Eichendorffs beliebteste und am weitesten verbreitete Erzählung überhaupt. Der Taugenichts ist der eher arbeitsscheue Sohn eines Müllers, der hinaus in die Welt geschickt wird. In der Nähe Wiens wird er als Gärtnerbursche eingestellt, später zum Zolleinnehmer befördert, reist nach Italien weiter, begegnet dabei einer Vielzahl interessanter Personen und heiratet am Ende das Mädchen Aurelie, in das er sich schon sehr früh in der Geschichte verliebt hatte, während sein Freund, der Maler Leonhard, sich als Graf entpuppt und seine Geliebte Flora heiratet.

Das Ende ist jedes Lesens wert, fasst es doch zum einen die Geschichte *in nuce* zusammen, bricht jedoch auch auf der anderen Seite die gesamte, mithin leicht verworrene Handlung auf und

[126] Schulz, *Die deutsche Literatur zwischen Französischer Revolution und Restauration II*, S. 490

[127] Aufruhr ist hier unnötig. Wie bei Arnim und Brentano, die wir vollständig der Hochromantik zugeschlagen haben, werden wir dies auch bei Eichendorff unternehmen, um den Text in einen direkten Zusammenhang mit dem übrigen Schaffen Eichendorffs zu stellen und damit sozusagen die ‚Kette' zu einem konsistenten Abschluss zu bringen. Die Hauptaussagen zur Spätromantik werden wir nichtsdestotrotz erst im entsprechenden kommenden Kapitel treffen.

führt den Taugenichts – einen grundsympathischen, wenig angepassten Jüngling mit einem großen Herzen – zu seinem Glück:

> „Siehst du“, sagte sie nach einem Weilchen wieder, »das weiße Schlößchen, das da drüben im Mondschein glänzt, das hat uns der Graf geschenkt, samt dem Garten und den Weinbergen, da werden wir wohnen. Er wußte es schon lange, daß wir einander gut sind, und ist dir sehr gewogen, denn hätt‘ er dich nicht mitgehabt, als er das Fräulein aus der Pensionsanstalt entführte, so wären sie beide erwischt worden, ehe sie sich vorher noch mit der Gräfin versöhnten, und alles wäre anders gekommen.« – „Mein Gott, schönste, gnädigste Gräfin“, rief ich aus, „ich weiß gar nicht mehr, wo mir der Kopf steht vor lauter unverhofften Neuigkeiten; also der Herr Leonhard?“ – „Ja, ja“, fiel sie mir in die Rede, »so nannte er sich in Italien; dem gehören die Herrschaften da drüben, und er heiratet nun unserer Gräfin Tochter, die schöne Flora. – Aber was nennst du mich denn Gräfin?“ Ich sah sie groß an. – „Ich bin ja gar keine Gräfin“, fuhr sie fort, „unsere gnädige Gräfin hat mich nur zu sich auf's Schloß genommen, da mich mein Onkel, der Portier, als kleines Kind und arme Waise mit hierherbrachte.“ Nun war's mir doch nicht anders, als wenn mir ein Stein vom Herzen fiele! „Gott segne den Portier“, versetzte ich ganz entzückt, „daß er unser Onkel ist! ich habe immer große Stücke auf ihn gehalten.“ – „Er meint es auch gut mit dir“, erwiderte sie, „wenn du dich nur etwas vornehmer hieltest, sagt er immer. Du mußt dich jetzt auch eleganter kleiden.“ – „Oh“, rief ich voller Freuden, „englischen Frack, Strohhut und Pumphosen und Sporen! und gleich nach der Trauung reisen wir fort nach Italien, nach Rom, da gehn die schönen Wasserkünste, und nehmen die Prager Studenten mit und den Portier!“ – Sie lächelte still und sah mich recht vergnügt und freundlich an, und von fern schallte immerfort die Musik herüber, und Leuchtkugeln flogen vom Schloß durch die stille Nacht über die Gärten, und die Donau rauschte dazwischen herauf – und es war alles, alles gut![128]

[128] Eichendorff, *Aus dem Leben eines Taugenichts. Sämtliche Erzählungen I*, S. 560f.

„[U]nd es war alles, alles gut!“: Was für ein wunderbarer Schlusssatz, was für eine Freude, was für eine Lebensbejahung sich in diesem einen Satz wiederfindet. Nach zahlreichen Volten ist „alles gut“, alle haben sich gefunden, keiner ist unglücklich. Das ist die Kernaussage des Romans, und die gesamte Entwicklung der Geschichte, des Hauptcharakters und weiterer Nebenfiguren kulminiert in dieser Schlussaussage. Der Taugenichts macht durch seine frei- und gutmütige Leichtigkeit und Anspruchslosigkeit bei den meisten seiner Mitmenschen einen ebenso harmlosen wie angenehmen Eindruck und fällt als Romantiker und (Lebens-)Künstler auf, der optimistisch und mutig in die Zukunft blickt und das Leben wander- und abenteuerlustig auf sich zukommen lässt. Diese Haltung hat er mit anderen Figuren gemein, strebt dabei nach Individualität und Freiheit und distanziert sich von den vorgegebenen Verhaltensmustern der arbeitenden bürgerlichen Gesellschaft – obwohl der Taugenichts nicht faul und nutzlos im heutigen Wortsinn ist, sondern einen Weg sucht, seine ‚romantische‘ Haltung im Alltag umzusetzen und sich von den Fesseln einer auf Erwerbsstreben, Ökonomisierung und Absicherung eines bürgerlichen Lebensstils konzentrierten Gesellschaft zu lösen. Er ist ein musikalischer Charakter wie andere auch, vor allem seine spätere Frau, die als Gitarrenspielerin auffällt, und er zieht als moderner Troubadour des 19. Jahrhunderts aus dem Volk stammend durch die Welt, der Volkslieder anstatt mittelalterlicher Minnelieder singt.

> Eichendorffs Taugenichts gehört in die Literaturgeschichte der Aussteiger, Gesellschaftsflüchtlinge und Freiheitssucher, und er enthüllt ihre Stärken und Schwächen, ihre Möglichkeiten und Grenzen. Daß Eichendorff die Lust an der Freiheit im Schwebezustand der imaginären Gegenwart dieser Geschichte beläßt, gibt ihr außerdem eine besondere Stellung in seinem gesamten Werk.[129]

Diese Charakteristik des Taugenichts durchzieht Eichendorffs Werk zu jeder Zeit – gerade auch dann, wenn der Taugenichts, der im Übrigen namenlos bleibt, eigentlich ‚bürgerliche‘ Stellungen einnimmt:

[129] Schulz, *Die deutsche Literatur zwischen Französischer Revolution und Restauration II*, S. 496

> [I]m Gegensatz zu den Philistern, die durch den Beruf und Familie an einem bestimmten Ort festgehalten werden, steht dem Taugenichts – in dieser Erzählung ein armer Müllerssohn – die ganze Welt offen. Die Voraussetzung seines Glücks freilich ist neben einem unkomplizierten Gottvertrauen auch hier die vorrevolutionäre Welt des kleinen Adels. Nur die ungezwungene Lebensweise, die Eichendorff in dem gräflichen Schloß bei Wien schildert, ermöglicht dem Taugenichts, nacheinander Gärtner und Zolleinnehmer zu sein, ohne Philister zu werden. Selbst auf seiner Reise nach Italien verläßt er nie den Rahmen dieser Welt. Daß seine Geliebte schließlich nicht die Grafentochter ist, sondern nur deren nicht-adelige Freundin, verhindert nicht, daß ihm als Hochzeitsgeschenk ein Schlößchen zufällt. Damit ist er auch in Zukunft vor dem Philistertum sicher.[130]

Sicherheit vor dem Philistertum erschafft sich der Taugenichts neben seiner Musikalität und Freude an Freiheit und Wanderschaft durch den Umgang und durch sein Verständnis der Natur. So ist eine seiner ersten Amtshandlungen als neu bestellter Zolleinnehmer eine Renaturisierung des Gärtchens hinter seinem Haus: „Die Kartoffeln und anderes Gemüse, das ich in meinem kleinen Gärtchen fand, warf ich hinaus und bebaute es ganz mit den auserlesensten Blumen […].“ Das bringt ihn gleich in den Ruf bei den rechten Philistern, verrückt zu sein. So beschreibt der Taugenichts gleich im Anschluss an diese Stelle, dass ihn aufgrund seiner Entscheidung für einen ‚schönen‘ gegenüber einem ‚nützlichen‘ Garten „der Portier vom Schlosse mit der großen kurfürstlichen Nase, der, seitdem ich hier wohnte, oft zu mir kam und mein intimer Freund geworden war, bedenklich von der Seite ansah, und mich für einen hielt, den sein plötzliches Glück verrückt gemacht hätte.“[131] Ähnliches widerfährt dem Taugenichts beim Thema der Jagd – auch dabei gerät er mit dem Portier, der sich später als Onkel seiner Aurelie herausstellen soll, in Streit, wie Hartwig Schultz anzeigt:

> Für den Taugenichts ist die Jagd eine ‚romantische‘ Betäti-

[130] *Geschichte der deutschen Literatur 2*, S. 405

[131] Eichendorff, *Aus dem Leben eines Taugenichts. Sämtliche Erzählungen I*, S. 469

> gung in der Natur, während der Portier nur an Beschwerlichkeiten und angenehme Folgen der Jagd denkt. Allein die nassen Füße und dadurch ausgelösten Erkältungen beschäftigen den Portier viel mehr als die Jagd selbst. Damit bricht die Distanz zur Philisterwelt wieder auf, und der Taugenichts wird wütend[.][132]

Um genau zu sein: Der Taugenichts wird sehr wütend, und einmal mehr ist es der Portier, der meint, im Taugenichts einen Irren entdeckt zu haben:

> Ich weiß nicht, mich packte da ein närrischer Zorn, daß ich ordentlich am ganzen Leibe zitterte. Mir war auf einmal der ganze Kerl mit seinem langweiligen Mantel, die ewigen Füße, sein Tabaksschnupfen, die große Nase und alles abscheulich. – Ich faßte ihn, wie außer mir, bei der Brust und sagte: „Portier, jetzt schert Ihr Euch nach Hause, oder ich prügle Euch hier sogleich durch!“ Den Portier überfiel bei diesen Worten seine alte Meinung, ich wäre verrückt geworden. Er sah mich bedenklich und mit heimlicher Furcht an, machte sich, ohne ein Wort zu sprechen, von mir los und ging, immer noch unheimlich nach mir zurückblickend, mit langen Schritten nach dem Schlosse, wo er atemlos aussagte, ich sei nun wirklich rasend geworden.[133]

Aber natürlich ist der Taugenichts kein rasender Geisteskranker, dem seine neue Stelle und die damit verbundenen Annehmlichkeiten zu Kopf gestiegen sind. Sondern immer wieder, selbst in kleinbürgerlicher, abgesicherter Stellung, in der der Taugenichts nicht allzu viel zu tun hat, bricht sich in den Gedanken, Äußerungen und Taten des Müllerssohn die romantische Ader Bahn, die sich nicht kleinhalten lässt. Der Taugenichts bleibt immer ein Romantiker, nicht einmal von oben alimentiertes, behagliches Erwerbsleben bringt ihn davon ab.

Joseph von Eichendorff hat uns literaturgeschichtlich bedeutsame, aber vor allem auch sehr lesens- und bedenkenswerte Romane hinterlassen, die uns neue Perspektiven eröffnen und zeigen,

[132] Schultz, *Joseph von Eichendorff. Biographie*, S. 181

[133] Eichendorff, *Aus dem Leben eines Taugenichts. Sämtliche Erzählungen I*, S. 471

wie sich Charaktere in unruhigen Zeiten selbst bändigen können, um ihren Lebensweg zu finden, ohne sich in den Strudel aus fundamentalen Veränderungen und Paradigmenwechseln hinabziehen zu lassen. Dass dies wie ein fundamentaler Unterschied zu Graf Friedrich in *Ahnung und Gegenwart* erscheint, ist in erster Instanz klar. Die Ziele, die Endpunkte der beiden Protagonisten sind grundverschieden – aber beide finden über den romantischen Entwicklungsweg zu ihren Lebenszwecken. Dass diese nicht zueinanderpassen, ist der Individualität der Helden geschuldet. Die Romantik bietet eben die Grundlage vieler Lebensentwürfe.

IV.IV Die Brüder Grimm und die Entdeckung des deutschen Märchens

Es ist ein bisschen wie die Geschichte von der Henne und dem Ei (auch wenn der Vergleich hinken mag): Man weiß nicht, wer oder was zuerst da war. Spricht man vom deutschen Märchen, fällt automatisch der Familienname Grimm; ist die Rede von den Brüdern Grimm, denkt man immer an deren Märchensammlung, die vermutlich wie kaum ein anderes Buch im deutschsprachigen Raum flächendeckend verbreitet ist. Die Brüder Grimm, das sind die Sprachwissenschaftler und Volkskundler Jacob Grimm (4. Januar 1785 bis 20. September 1863) und Wilhelm Grimm (24. Februar 1786 bis 16. Dezember 1859). Die Brüder gelten gemeinsam mit Karl Lachmann und Georg Friedrich Benecke als Gründungsväter der Germanistik als akademische Forschungsdisziplin. So untersuchten sie die geschichtliche Entwicklung deutschsprachiger Literatur (Sagen, Urkunden ebenso wie Dichtung) und legten dabei die Grundlagen für eine wissenschaftliche Behandlung dieses Arbeitsgebietes. Im Feld der Deutschen Grammatik stellten sie Flexion und Wortbildung sämtlicher germanischer Sprachen vor. Im Rahmen ihrer literaturwissenschaftlichen Forschungen gaben die Brüder bekannte altgermanische/altnordische und mittelhochdeutsche Texte wie das *Hildebrandslied*, die *Edda* oder auch Hartmanns von Aue *Der arme Heinrich* heraus. Jacob Grimm schrieb zudem ein Werk über die *Deutsche Mythologie*. Darin untersuchte er vorchristliche Glaubensvorstellungen und Aberglauben und stellte sie klassischer Mythologie und christlichen Legenden gegen-

über. 1838 schließlich begannen Jacob und Wilhelm Grimm ihre gemeinsame Arbeit am *Deutschen Wörterbuch*. Das *Deutsche Wörterbuch* (DWB) ist das größte und umfassendste Wörterbuch der deutschen Sprache seit dem 16. Jahrhundert mit Wortbedeutungen und Belegstellen. Erst 1961, nach 123 Jahren, wurde es beendet. Insgesamt entstanden 17 Bände, die auch heute noch in Gebrauch sind.
Der Grundgedanke der Grimms bei allen diesen Vorhaben:

> Die Brüder [...] Grimm [...] motivierten ihre Arbeit im Rahmen der liberalen Forderung nach der Einheit und Verfassungsmäßigkeit Deutschlands und traten damit in Gegensatz zu der herrschenden Politik. 1837 gehörten sie mit den Historikern Dahlmann und Gervinus zu den ‚Göttinger Sieben', die gegen die willkürliche Aufhebung der erst kurz zuvor dem Königreich Hannover gewährten Verfassung protestierten. Als Göttinger Professoren wurden sie entlassen und Jacob Grimm des Landes verwiesen. Aber auch der Volks-Begriff der Brüder Grimm reflektiert nicht die tatsächliche Situation des Volkes damals, sondern allein die Vorstellung, die die Grimms von der Vergangenheit hatten. [...] Indem sie den ‚Volksgeist' zu entdecken suchten – in der Anonymität der ‚Naturpoesie' oder in der Anonymität der Sprache und selbst der Grammatik –, hofften sie, der Gegenwart zu helfen. Daß sie diese damit auf einen Begriff festlegten, den sie aus der Vergangenheit konstruierten, zeigt die Grenze ihrer Wissenschaft. Auch bei ihnen stand das ‚Volk' im Gegensatz zur Gesellschaft.[134]

Doch es bleibt: Untrennbar sind die Brüder Grimm im deutschsprachigen Raum und darüber hinaus für ihre Märchensammlung bekannt. *Grimms Märchen* nennt man volkstümlich die berühmte Sammlung *Kinder- und Hausmärchen*, die von 1812 bis 1858 herausgegeben worden sind. Die Brüder sammelten auf Anregung der Romantiker Clemens Brentano, Achim von Arnim und Johann Friedrich Reichardt ursprünglich für deren Volksliedersammlung *Des Knaben Wunderhorn* ab 1806 Märchen aus ihrem Bekanntenkreis und aus literarischen Werken.

---

[134] Bahr, *Geschichte der deutschen Literatur*, *Band 2*, Tübingen und Basel 1998, S. 386ff.

Insgesamt haben die Brüder in den mehr als 45 Jahren über 200 Texte zusammengetragen und dafür sowohl mündliche Überlieferungen als auch schriftliche Quellen verwendet. Bei ihrer Sammlung der Märchen wurden die Brüder Grimm von zahlreichen Beiträgern unterstützt, die – wie sie selbst – vornehmlich aus den gebildeten bürgerlichen Schichten der Gesellschaft stammten. Außerdem haben sich die Sammler und ihre Zuträger aus schriftlichen Quellen bedient. Dazu zählen mittelalterliche Legenden sowie Fabeln und Büchern des 17. und 18. Jahrhunderts. Im Vorwort zu den „Kinder- und Hausmärchen" stellen die Brüder heraus, dass es „in der Weise, in der wir hier gesammelt haben, zuerst auf Treue und Wahrheit angekommen ist. Wir haben nämlich aus eigenen Mitteln nichts hinzugesetzt, keinen Umstand und Zug der Sage selbst verschönert, sondern ihren Inhalt so wiedergegeben, wie wir ihn empfangen haben [...]." Das erscheint etwas geschönt, denn bekannt ist, dass die Brüder Grimm die gesammelten Märchentexte stilistisch bearbeitet und ihrer Idealvorstellung der „Volkspoesie" angepasst haben. Die Märchen können nicht als wörtliche Aufzeichnungen mündlicher Erzählungen gelten, die direkt aus dem Volk gesammelt worden sind.

Diese Legende haben die Brüder selbst aufgebaut und gepflegt. Jacob Grimm sieht in den Märchen „den Niederschlag uralter, wenn auch umgestalteter und zerbröckelter Mythen", und Wilhelm Grimm schreibt: „In diesen Volksmärchen liegt lauter urdeutscher Mythus, den man für verloren gehalten." Gemeinsam sei laut Lüthi allen Märchen die Überreste eines in die älteste Zeit hinaufreichenden Glaubens, der sich in bildlicher Auffassung übersinnlicher Dinge ausspricht.[135]

Auch Heinz Rölleke, der wohl bedeutendste Kenner der Grimmschen Märchen und deren Herausgeber[136], hat diese Herkunftsdebatte ins Reich der Legende verschoben und auf den tatsächlichen Ursprung der Märchensammlung hingewiesen, die ja immerhin deutsches Kulturgut wie *Der Froschkönig*, *Hänsel und*

---

[135] Lüthi, Max: *Märchen.* Stuttgart 1962, S. 51f.

[136] Brüder Grimm*: Kinder- und Hausmärchen.* 3 Bände. Stuttgart 1980; *Alt wie der Wald. Reden und Aufsätze zu den Märchen der Brüder Grimm.* Trier 2006; *Die Märchen der Brüder Grimm: Quellen und Studien. Gesammelte Aufsätze.* Trier[2] 2004; *Die Märchen der Brüder Grimm. Eine Einführung.* Stuttgart 2004; *„Wo das Wünschen noch geholfen hat": Gesammelte Aufsätze zu d. „Kinder- u. Hausmärchen" d. Brüder Grimm.* Bonn 1984

Gretel, Das tapfere Schneiderlein, Aschenputtel, Frau Holle, Rotkäppchen, Die Bremer Stadtmusikanten oder auch *König Drosselbart, Schneewittchen, Schneeweißchen und Rosenrot* und *Der gestiefelte Kater* enthält:

> Aber die Behauptung, die meisten Grimmschen Märchen gingen direkt auf Erzählungen alter Bäuerinnen und einsiedlerischer Köhler und Hirten zurück, bleibt unhaltbar. Heute wissen wir, dass die Grimms nicht Volksmärchen gesammelt haben, sondern dass die Märchen vor allem in gebildeten Schichten von jungen Frauen erzählt wurden und sich oftmals aus französischen Quellen speisten.[137]

Wichtig in der Beurteilung der Herkunft: Sie schmälert gewiss nicht die Lebensleistung der Gebrüder Grimm, aber es wirft eine neue Sichtweise auf die Herkunft der Texte und die Art der Sammlung durch die Forscher. Von Beginn an korrelierte das mythologische und volkskundliche Interesse der Brüder Grimm mit dem Wunsch, ein „Kinderbuch" zu schaffen. Und ihr ganzes Arbeitsleben lang bearbeiteten sie die gesammelten Texte, tauschten Märchen ganz aus, nahmen neue hinzu, verschmolzen Fassungen oder überarbeiteten sie sprachlich. Daher gleicht keine Auflage der anderen. Hintergrund der weitreichenden Überarbeitungen war indes nicht der bewusste Eingriff oder die Selbstverwirklichung, sondern die Suche nach dem wahren Wesenskern des Märchens. Diese aber hat eben freilich dazu geführt, dass eine Art von Buchmärchen entstanden sind, die mit der ursprünglichen volkstümlichen Überlieferung kaum mehr etwas zu tun hatten. Vermutlich unbewusst haben die Brüder Grimm ein Hybridmodell aus Volks- und Kunstmärchen geschaffen.

Auch in einem anderen Punkt hat die Forschung ein Problem bei den sogenannten *Kinder- und Hausmärchen* erkannt. Immer wieder wurde von den Zeitgenossen Kritik laut, die Märchen seien nicht kindgerecht. Das hatten die Grimms aber eben auch gar nicht vor, wie man der Vorrede der Ausgabe von 1815 entnehmen kann. Danach handele es sich bei der Märchensammlung

[137] https://www.zeit.de/zeit-geschichte/2012/04/Maerchen-Brueder-Grimm-Urspruenge/komplettansicht; Zugriff am 29. Juli 2019.

um Erziehungsbuch – und auch der Germanist Steffen Martus stellt in seiner preisgekrönten Biografie *Die Brüder Grimm* die kritische Frage,

> für wen dieses Buch eigentlich gedacht war: Sollte man die vielen Episoden von Mord und Totschlag, von unverdientem Glück, erfolgreicher Hinterhältigkeit und skrupelloser Brutalität tatsächlich Kindern vorlesen? Sollte man umgekehrt Geschichten von Zwergen und Hexen erwachsenen Lesern zumuten, die ihrem Geschmack im besten Fall an Goethe und Schiller geschult hatten? Und warum sollte sich die Wissenschaft für diese Niedlichkeiten interessieren?[138]

Die zeitgenössische Kritik an der Vielschichtigkeit des potenziellen Adressatenkreises hatte vor allem Wilhelm Grimm aufgenommen und im „Lauf der Bearbeitung in den Märchen die Exempel von bürgerlicher Arbeitsethik, Moral und Häuslichkeit" gestärkt. „Märchen, die wegen ausufernder Gewalt, Obszönität oder sexueller Anspielungen als nicht jugendfrei erscheinen konnte, nahm er noch einmal genau ins Visier".[139] So sind nach und nach die Märchen in den bekannten, für Kinder gedachten Fassungen entstanden. Oder um mit einer Figur aus Bernhard Hennens Fantasy-Roman *Nebenan* zu sprechen: Die „zwei verklemmten Urgermanisten haben die deftigsten Stellen aus den Märchen wegzensiert".[140]

IV.V Zusammenfassung

Das Kapitel über die Hochromantik ist sehr umfangreich, wir haben neue Autoren, deren Texte und Themen kennengelernt. Und wir haben auch gesehen, wie sich die Hochromantik von der Frühromantik unterscheidet: Sie orientiert sich mehr am deutschen Nationalbewusstsein, betont das Mittelalterlich-Christliche sowie deutsches literarisches Erbe und wendet sich eindeutig gegen bestimmte Tendenzen in Politik und Zeitgeschehen. Eindeutig wird dies bei Joseph von Eichendorff: Fried-

[138] Martus, Steffen: *Die Brüder Grimm. Eine Biografie*. Hamburg 2013, S. 207f.
[139] Ebd., S. 211f.
[140] Hennen, Bernhard: *Nebenan*. München 2002, S. 484

rich kehrt sich in *Ahnung und Gegenwart* ab vom Weltleben, wird ruhig und findet Kraft in der Religion, nachdem er in den Befreiungskriegen gegen die napoleonische Armee gekämpft hat.[141] Die ‚deutsche Seele', die Befindlichkeit des deutschen Volkes steht im Vordergrund, immer gesehen in Kombination mit der christlichen Empfindung, wie es auch Hermann August Korff herausstellt: In der

> Frühromantik kommt der religiöse Zug der Romantik zur Entfaltung; er ist beherrschendes Moment und beherrscht darum auch ihren nationalen Zug. Denn dieser besteht noch nicht im Bekenntnis zur Deutschheit, sondern im Gegensatze zur Klassik und ihrem Kultus des griechischen Heidentums erst im Bekenntnis zum christlichen Kulturkreis. [...] In der Hochromantik dagegen kommt nunmehr der nationale Zug zur Herrschaft, und ihre Religion wird daher die Deutschheit, ihr Gott der deutsche Volksgeist und seine Manifestationen in der deutschen Geistesgeschichte. [...] Und in Verbindung mit ihr entsteht eine Dichtung von deutscher Art und Kunst, in der sich die Idee der Romantik erfüllt.[142]

Die Hochromantik wird auch als sogenannte ‚Deutschromantik' bzw. als ‚hochromantische Nationaldichtung' identifiziert. In der Phase wird der Umschwung von der christlichen zur nationalen Romantik vollzogen, wie die Hervorhebung der nationalen Gestaltung in der Dichtung zeigt. Das vaterländische Bewusstsein zu stärken wurde als Kernaufgabe erkannt. Daran haben sich „fast alle vaterländischen Schriftsteller beteiligt":

> Ihr Themenbereich ist nicht sehr groß, enthält aber deutliche

[141] Die Befreiungskriege sind das historische Großereignis und begründen einen epochalen Wandel: Nach dem Ende der Herrschaft Napoleons in den Koalitionskriegen ordnete der Wiener Kongress Europa bis 1815 neu. Nachdem sich die politische Landkarte des Kontinentes als Nachwirkung der Französischen Revolution erheblich verändert hatte, legte der Kongress wiederum zahlreiche Grenzen neu fest und schuf neue Staaten. Unter der Leitung des österreichischen Außenministers Fürst von Metternich berieten sich politisch bevollmächtigte Vertreter aus rund 200 europäischen Staaten, Herrschaften, Körperschaften und Städten.

[142] Korff, Hermann August: *Geist der Goethezeit. IV. Teil: Hochromantik*. Leipzig 1953, S. 14f.

> Akzentunterschiede und reicht von der substanziellen Begründung des nationalen Selbstbewußtseins (Liebe zum Vaterland und seinen Repräsentanten, Lob deutscher Vergangenheit, deutschen Volkscharakters, deutscher Überlieferung) über die generelle Politisierung des Bewußtseins – einschließlich der daraus folgenden nationalen Selbstkritik – bis hin zu den Kampf- und Kriegsliedern mit ihrer direkten Wirkungsabsicht, kulminierend in den exzessiven Haßgesängen gegen Frankreich und die Franzosen.[143]

Dass sich dies auch in der Hochromantik fortsetzt, ist schließlich unstrittig. Ernst Moritz Arndt beispielsweise stellt 1813 in *Was ist des Deutschen Vaterland* genau diese entscheidende Frage: „Was ist des Deutschen Vaterland?" Die Antwort ist einfach für den deutschnational gesinnten Dichter: „Das ganze Deutschland soll es sein! / O Gott vom Himmel, sieh darein! / Und gib uns rechten deutschen Mut / dass wir es lieben treu und gut! / Das soll es sein! / Das soll es sein! / Das ganze Deutschland soll es sein!" [144] Und auch im nicht minder berühmten *Vaterlandslied* von 1812 wirft Arndt sich voll in die Bresche eines übersteigert-kriegerischen Deutschtums: „Der Gott, der Eisen wachsen ließ, / der wollte keine Knechte, / drum gab er Säbel, Schwert und Spieß / dem Mann in seine Rechte; / drum gab er ihm den kühnen Mut, / den Zorn der freien Rede, / dass er bestände bis aufs Blut, / bis in den Tod die Fehde."[145] Das Lied wurde in den 1813 beginnenden Befreiungskriegen populär – und zeigt eben deutlich, dass die Hochromantik in bestimmten Teilen das Nationalbewusstsein der Frühromantik aufnimmt und zum Thema der eigenen Zeit macht. So entwickelt sich die Poesie der Befreiungskriege als Strömung innerhalb der großen Idee der Romantik. Die kriegerische, deutschnationale Poesie ist einer der Bestandteile der Romantik, aber nicht ihr einziger, wie wir gesehen haben. Sie hat viel mehr Facetten.

Bei allem aber bleibt die Romantik politisch und orientiert sich an wichtigen Ereignissen: Spätestens mit der oben bereits genannten Gründung des Rheinbunds 1806 gab es einen funda-

[143] Ueding, *Klassik und Romantik*, S. 760
[144] Arndt, Ernst Moritz: *Werke. Teil 1: Gedichte*. Herausgegeben von August Lesson. Berlin u.a. 1912, S. 126f.
[145] Ebd., S. 100f.

mentalen historischen Umbruch, der gleichzeitig auch einen „Wendepunkt der Goethezeit“ und damit einen Wendepunkt in der Romantik, mithin im Wandel von der Früh- zur Hochromantik erkennbar, markiert.[146] Und zugleich kennzeichnet auch das Jahr 1815 mit dem Wiener Kongress einen Wendepunkt, der sich dann wiederum literaturhistorisch im Wandel von der Hoch- zur Spätromantik niederschlägt.

[146] Korff, *Goethezeit IV*, S. 15

V. Die Spätromantik

Mit dem Jahr 1815 kommt es eben zu einer weiteren Wendung in der Romantik: Die Hochromantik wird zur Spätromantik. Wie bereits dargestellt, fällt der Beginn der letzten Phase der Romantik zeitlich mit dem politischen Paradigmenwechsel durch den Wiener Kongress zusammen; der Endpunkt wird spätestens 1848 verortet, nämlich beim nächsten politischen Großereignis in Deutschland, der sogenannten Märzrevolution.[147] Beim Wechsel in die Spätromantik verschiebt sich auch der örtliche Fokus: Bildete Heidelberg das Zentrum der Hochromantik, konzentriert sich die Spätromantik auf Berlin, wenngleich sie sich auch in Städten wie Wien, Nürnberg, Karlsberg und weiterhin Heidelberg zeigte.

Die Spätromantik ist, in Fortsetzung der Früh- und Hochromantik, durchaus als eine sehr politische literarische Strömung zu bezeichnen. Die patriotischen Gefühle der Romantiker wandelten sich hin zu konservativen und restaurativen Bestrebungen. Waren sie zuvor vom Kampf gegen die Besatzung durch das napoleonische Frankreich in ihren Freiheitsbemühungen geeint, werden jetzt die Tendenzen der Restauration bestätigt. Die Spätromantik geriert sich als stark konservative Strömung, die die Wiedereinsetzung der alten Dynastien, die im Zuge der Revolution beseitigt worden sind, als positiv wahrnimmt und weniger stark für liberal-nationale Forderungen eintritt.

Der Wiener Kongress als Ausgangspunkt des Zeitalters der Restauration in Europa hatte den Anspruch, das alte Europa neu zu gestalten, insbesondere durch die Gründung der „Heiligen Allianz“ nach dem endgültigen Sieg über Napoléon. Diese bekannte sich zum Gottesgnadentum der Herrscher und verpflichtete sich zu gegenseitigem Beistand zum Schutz dieser Ordnung gegen alle bürgerlichen und nationalstaatlichen Umwälzungen.

---

[147] 1848 ist europaweit generell ein Jahr der bürgerlich-revolutionären Erhebungen gegen die zu dieser Zeit herrschenden Mächte in Folge der Restauration und deren politischen und sozialen Strukturen. Angefacht von der französischen Februarrevolution kommt es unter anderem zu revolutionären Handlungen in den Staaten des Deutschen Bundes, im Reich der Habsburger (also Österreich) und Italien.

Diese konservative Ausrichtung der Spätromantik geht mit der weiteren Hinwendung zum Mittelalter einher, das aus vielfältiger Perspektive idealisiert und hervorgehoben wird. Dazu gehört neben der literarischen Nutzung mittelalterlicher Sujets auch die philologische Behandlung vieler Texte, vor allem des Minnesangs, dem wir heute noch immer große Erkenntnisse zu verdanken haben. Ein weiteres großes Thema ist die Hinwendung zur Mystik und zum Unheimlichen. Davon hat die Spätromantik auch den Beinamen „Schwarze Romantik“: Sie ist durch ein pessimistisches Menschenbild gekennzeichnet und grenzt sich vom optimistischen Menschenbild der Aufklärung ab. Sie beschäftigt sich mit dem menschlichen Wahnsinn, der dunklen Seite der Psyche und ersetzt die Vernunft und die Rationalität der Aufklärung durch Emotionen, extreme Gefühle und das Regime der Leidenschaften. Daher basieren so manche Werke der Spätromantik auf Darstellungen des Bösen, Düsteren, Abgründigen und Unerklärlichen, spielen mit Motiven der Nacht, des Wahnsinns, der Todessehnsucht und gleiten auch ins Groteske und Fantastische ab.[148]

V.I Ludwig Uhland und die Schwäbische Dichterschule

Dichter, Literaturwissenschaftler, Jurist und Politiker, Verfasser großer Texte, bedeutender Mediävist und Abgeordneter im ersten gesamtdeutschen Parlament, der Frankfurter Nationalversammlung: Der Lebensweg von Johann Ludwig Uhland (26. April 1787 in Tübingen bis 13. November 1862 ebenfalls in Tübingen) ist geprägt von großen Stationen und Entscheidungen – und dennoch gehört der Spross der schwäbischen Gelehrtenfamilie Uhland nicht zu den ersten, die unter den deutschen Schriftstellern des 19. Jahrhunderts im Allgemeinen und der Romantik im Speziellen hervorstechen. Ludwig Uhlands Großvater Ludwig Joseph Uhland (1722 bis 1803) wirkte als Diakon in Marbach. 1761 erhielt er einen Ruf an die Eberhard Karls Universität Tübingen auf den Lehrstuhl für Geschichte, ab 1776 bekleidete er dort den Lehrstuhl für Theologie. Uhlands Vater Jo-

[148] Die berühmteste Ausprägung der Schwarzen Romantik ist die englische *Gothic Novel*, die ihre Blüte am Anfang des 19. Jahrhunderts erlebte. Bekannte Beispiele sind Mary Shelleys *Frankenstein or The Modern Prometheus* und Charles Robert Maturins *Melmoth the Wanderer.*

hann Friedrich war Universitätssekretär, wodurch Ludwig Uhland das Konservativ-Bürgerlich-Gelehrte mit in die Wiege gelegt worden war.

Um den Werdegang kurz zu beschreiben: 1801 erhielt Uhland ein Stipendium für das Tübinger Stift, einem Studienhaus der evangelischen Landeskirche in Württemberg, 1805 begann er mit dem Studium der Rechtswissenschaften und wurde 1810 zum Doktor der Rechtswissenschaften promoviert, bevor er eine Kanzlei in Tübingen gründete. Später war er als zweiter Sekretär des württembergischen Justizministers und Sprecher der Landstände in der allgemeinen Ständeversammlung unter Friedrich Wilhelm Karl von Württemberg, als Friedrich I. der erste König von Württemberg, tätig und dann als Professor für deutsche Sprache und Literatur an der Universität Tübingen und Landtagsabgeordneter, bevor er eben später, ab 1848, als Abgeordneter im deutschen Nationalparlament wirkte. Als er mit 75 Jahren starb – er hatte sich auf der Beerdigung seines besten Freundes Justinus Kerner eine Erkältung zugezogen, von der er sich nicht mehr richtig erholen sollte –, war er einer der bekanntesten deutschen Gelehrten. Seit 1991 wird unter anderem der Ludwig-Uhland-Preis verliehen, viele Schulen, Straßen und Plätze sind nach ihm benannt.

Und trotz allem verbindet man mit Ludwig Uhlands Lebensleistung in der heutigen Zeit weniger stark das, was uns als Beobachter der deutschen Romantik interessiert: nämlich sein literarisches und, angrenzend, sein philologisches Schaffen. Uhland tritt um den Epochenwechsel von der Hoch- zur Spätromantik erstmals literarisch in Erscheinung. Denn 1814 erscheint mit *Schwäbische Kunde* gleich eine seiner bekanntesten Ballade, die durch das historische Ereignis des Dritten Kreuzzuges[149] inspiriert ist. Kaiser Friedrich I., auch genannt Kaiser Barbarossa, kam hier auf dem Weg ins Heilige Land ums Leben.[150] Es lohnt

---

[149] Der Dritte Kreuzzug war ein Kriegszug ins Heilige Land zwischen 1189 und 1192, nachdem Sultan Saladin das Kreuzfahrerheer des Königreichs Jerusalem besiegt und die Stadt Jerusalem erobert hatte. Der Kreuzzug wurde von Friedrich Barbarossa, dem Kaiser des römisch-deutschen Reiches, Philipp II. von Frankreich und Richard Löwenherz von England geführt. Am 2. September 1192 kam es schließlich zu einem diplomatischen Abkommen zwischen Richard und Saladin.

[150] Barbarossa ertrank am 10. Juni 1190 im Fluss Saleph in der heutigen Südosttürkei.

sich, diese Ballade in Gänze zu zitieren, ist sie doch sowohl ausschlaggebend für die Dichtkunst als auch aussagekräftig für die allgemeine Haltung und thematische Hinwendung Uhlands. In späterer Zeit wurde *Schwäbische Kunde*[151] übrigens auch unter dem Titel *Der wackere Schwabe* bekannt:

> Als Kaiser Rotbart lobesam / Zum Heil'gen Land gezogen kam, / Da mußt' er mit dem frommen Heer / Durch ein Gebirge, wüst und leer. / Daselbst erhub sich große Not, / Viel Steine gab's und wenig Brot, / Und mancher deutsche Reitersmann / Hat dort den Trunk sich abgetan. / Den Pferden war's so schwach im Magen, / Fast mußte der Reiter die Mähre tragen. / Nun war ein Herr aus Schwabenland, / Von hohem Wuchs und starker Hand, / Des Rößlein war so krank und schwach, / Er zog es nur am Zaume nach, / Er hätt es nimmer aufgegeben / Und kostet's ihn das eigne Leben. / So blieb er bald ein gutes Stück / Hinter dem Heereszug zurück; / Da sprengten plötzlich in die Quer' / Fünfzig türkische Reiter daher, / Die huben an, auf ihn zu schießen, / Nach ihm zu werfen mit den Spießen. / Der wackre Schwabe forcht sich nit, / Ging seines Weges Schritt vor Schritt, / Ließ sich den Schild mit Pfeilen spicken / Und tät nur spöttlich um sich blicken, / Bis einer, dem die Zeit zu lang, / Auf ihn den krummen Säbel schwang. / Da wallt dem Deutschen auch sein Blut, / Er trifft des Türken Pferd so gut, / Er haut ihm ab mit einem Streich / Die beiden Vorderfüß' zugleich. / Als er das Tier zu Fall gebracht, / Da faßt er erst sein Schwert mit Macht, / Er schwingt es auf des Reiters Kopf, / Haut durch bis auf den Sattelknopf, / Haut auch den Sattel noch zu Stücken / Und tief noch in des Pferdes Rücken; / Zur Rechten sieht man wie zur Linken / Einen halben Türken heruntersinken. / Da packt die andern kalter Graus, / Sie fliehen in alle Welt hinaus, / Und jedem ist's, als würd ihm mitten / Durch Kopf und Leib hindurchgeschnitten. / Drauf kam des Wegs 'ne Christenschar, / Die auch zurückgeblieben war, / Die sahen nun mit gutem Bedacht, / Was Arbeit unser Held gemacht. / Von denen hat's der Kaiser vernommen, / Der ließ den Schwaben vor sich kommen, / Er sprach: „Sag

[151] Uhland, Ludwig: *Werke.* Herausgegeben von Hans-Rüdiger Schwab. Frankfurt am Main 1983. Erster Band, S. 224ff.

> an, mein Ritter wert! / Wer hat dich solche Streich' gelehrt?" / Der Held bedacht sich nicht zu lang: / „Die Streiche sind bei uns im Schwang, / Sie sind bekannt im ganzen Reiche, / Man nennt sie halt nur Schwabenstreiche.

Die *Schwäbische Kunde* ist relativ leicht zu erfassen. Die zeitliche und räumliche Verortung ist unstrittig, ebenso erschließt sich der Inhalt bereits beim ersten Lesen: Erzählt wird die kriegerische Heldentat eines Ritters aus Schwaben, dessen Pferd krank ist, sodass er hinter dem Heer zurückbleibt. Plötzlich sieht er sich von fünfzig türkischen Reitern umzingelt, doch er zieht unbekümmert weiter, bis ihn ein Türke angreift. „Da wallt dem Deutschen auch sein Blut" und er spaltet den Reiter in zwei Teile. Auf die Frage des Kaisers, der von der Heldentat hört, wer ihn solche Streiche gelehrt habe, antwortet er mit dem Bezug auf seine schwäbische Heimat. Ludwig Uhland glorifiziert in den berühmten letzten Versen der Ballade also die Kampfeskraft des schwäbischen, also aus des Dichters Heimat stammenden Ritters und macht auch keinen Hehl daraus, dass er die Kreuzzüge ins Heilige Land zur Befreiung des Heiligen Grabes nicht als problematisch empfindet: „Als Kaiser Rotbart lobesam / Zum Heil'gen Land gezogen kam, / Da mußt' er mit dem frommen Heer / Durch ein Gebirge, wüst und leer", lauten die ersten vier Verse bekanntlich. Der Heereszug von Kaiser Friedrich I. wird als löblich apostrophiert, das Heer als fromm – zwei Charakteristika, die fern aller Kritik sind. Die Kampfeskraft als Ausweis einer mittelalterlichen Männlichkeit und das daraus folgende Ergebnis sprechen ebenfalls für eine sehr positive Wahrnehmung des Kreuzzugs und der Anerkennung der Ziele der Soldaten, ihr Leben im Sinne der mittelalterlichen Frömmigkeit für die Befreiung des Heiligen Landes und vor allem Jerusalems zu geben.

Des Sängers Fluch[152] ist eine weitere Ballade Uhlands aus dem Jahr 1814 und wird hinlänglich als seine bekannteste angesehen. Dabei geht es um zwei Sänger, die versuchen, das Herz eines grausamen Königs zu rühren, der dabei einen von ihnen erschlägt. Daraufhin belegt der Überlebende den König mit einem Fluch. Dieser Fluch trifft das Schloss, in dem Musik und Gesang verstummen sollen, die Gärten und zuletzt den König selber, der

[152] Uhland, *Werke*, S. 220ff.

trotz allen Strebens nach Ruhm vergessen werden soll. Im Jahr 1852 wurde *Des Sängers Fluch* von Robert Schumann als op. 139 für Soli, Chor und Orchester vertont, ebenso haben verschiedene Rockbands die Ballade für ihre Werke genutzt. Im Kern will Uhland mitteilen, dass nur der Sänger den Schlüssel zum ewigen Ruhm hat und am Ende die Macht des Königs durch seine Kunst überragt. Er rächt sich für den Tod des Sängers – seines Schülers – indem er das Andenken des Königs tilgt. Das wird als „Damnatio memoriae" bezeichnet, also die Verfluchung und demonstrative Tilgung des Andenkens an eine Person durch die Nachwelt. Es soll sich nicht mehr an eine Person erinnert werden. Im Altertum wurden die Namen besonders verachteter und verhasster Personen aus sämtlichen Annalen gelöscht, sämtliche erreichbaren Bildnisse und Inschriften zerstört, und es sollte nicht mehr öffentlich über den Geächteten gesprochen werden. Dieses Konzept greift Uhland in seiner Ballade auf und erzählt „eine Parabel von der Kraft der Kunst oder, im weiteren Sinne, der Gedanken, die sie vermittelt. Und er erzählt zugleich eine Parabel von der Ohnmacht eines politischen Systems, wenn es allein auf die totale Herrschaft eines einzelnen gründet."[153]
Ludwig Uhland bezieht sich, das ist sofort ersichtlich, auch in diesem Text auf das Mittelalter und begründet dies auch lyrisch. Denn die genutzte Versform nennt sich „Nibelungenstrophe", und das nicht umsonst. Die Nibelungenstrophe ist die Form des metrischen und melodischen Baus der Verse im mittelhochdeutschen *Nibelungenlied*. Dessen Strophen bestehen aus vier paarweise gereimten Langzeilen, die jeweils aus Anvers (drei Takte) und Abvers (in den ersten drei Versen drei Takte, im vierten Vers vier Takte) gebildet werden. Die Nibelungenstrophe ist als wichtigste Strophenform des deutschen Heldenepos aus den alten Langzeilenstrophe hervorgegangen und begegnet uns auch bei einigen bekannten mittelhochdeutschen Minnensängern. Der Dichter macht damit deutlich, in welcher Tradition er sich sieht: Er will die mittelalterliche Literatur ins 19. Jahrhundert hineintragen, damit auf den Wert und die Bedeutung des Zeitalters hinweisen, die Dichtung wieder zugänglich machen und sieht in der älteren deutschen Poesie ein Vorbild.

---

[153] Schulz *Die deutsche Literatur zwischen Französischer Revolution und Restauration II*, S. 789

Nicht erst mit dem 19. Jahrhundert, sondern bereits gut 50 Jahre zuvor ist die mittelalterliche Literatur, insbesondere die Minnedichtung, wieder ins Gedächtnis bzw. ins Blickfeld von Künstlern und Intellektuellen gerückt und Gegenstand tiefergehender sowohl literarischer als auch ‚philologischer' Beschäftigung geworden. Es ist den Schweizern Johann Jakob Bodmer und Johann Jakob Breitinger zu verdanken, dass die mittelhochdeutsche Dichtung wiederentdeckt wurde; sie schufen mit ihren ‚Editionen' die Grundlagen für die philologische Arbeit mit der mittelalterlichen deutschen Literatur. Bernd Weil bezeichnet diese Renaissance des Mittelhochdeutschen als zweite nach der des Humanismus':

> Die sogenannte zweite Wiederentdeckung des deutschen Minnensangs setzte Mitte des 18. Jahrhunderts ein, als sich – vor allem während und nach dem Siebenjährigen Krieg (1756-1763) zwischen Preußen, Österreich und Sachsen – in Deutschland allmählich ein erwachendes Nationalgefühl abzeichnete. Die aufkommende patriotische Stimmung begünstigte das geistige Zusammengehörigkeitsgefühl, das sich unter anderem in einer Hinwendung zu einer gemeinsamen Vergangenheit ausdrückte. Philosophie und Geschichtsschreibung, aber auch die Dichtkunst blieben davon nicht unbeeinflusst. Obwohl man sich zunächst mehr dem ‚germanischen Erbe' zuwandte, da das (katholische) Mittelalter in der nach-reformatorischen Zeit als „finster" galt, begann man in der zweiten Hälfte des 18. Jahrhunderts, die Lieder der Minnesinger in grundlegenden Sammlungen erstmals einer breiten Öffentlichkeit zugänglich zu machen.[154]

Besonders ab 1743 widmen sich Bodmer und Breitinger dem Minnesang (und dem Nibelungenlied). Aus dieser intensiven Beschäftigung entspringt denn schließlich auch die älteste aller ‚Gesamtausgaben', in welcher erstmals alle Texte der Großen Heidelberger Liederhandschrift C versammelt sind (1758/1759). Zuvor hatten die Schweizer 1748 eine Auswahl unter dem Titel

[154] Weil, Bernd A.: *Rezeption des Minnesangs in Deutschland seit dem 15. Jahrhundert.* Frankfurt am Main 1991, S. 71

Proben der alten schwäbischen Poesie des Dreyzehnten Jahrhunderts herausgebracht. Aus der Maneßischen Sammlung publiziert und darin ausgewählte Strophen von 81 Autoren gesammelt. Die Motivation gerade für Bodmer, sich so exzessiv mit der mittelalterlichen Literatur zu befassen, hat Leibrock unter dem Schlagwort „Bodmer und die Gefahr des ‚tödtlichen Vergessens'"[155] zusammengefasst.
Auch Dichter des 18. Jahrhunderts haben sich mit der Mittelalterrezeption befasst. Ein Beispiel ist Friedrich Gottlieb Klopstock der mit seiner Ode *Kaiser Heinrich* (erste Fassung 1764, Überarbeitung 1771) seine Periode der vaterländischen Gesänge eingeleitet hat. Thema des Textes ist das Verhältnis der mittelalterlichen deutschen Kaiser zur Dichtkunst. Die Verbindung von Kaisertum und Dichtertum wird daher als Ideal angesehen. Laut Schmid habe Klopstock beabsichtigt, „den deutschen Fürsten das nationalliterarische Interesse anzutragen, indem er ihnen das Bild einer höfischen Nationaldichtung im Mittelalter"[156] vor Augen führte. Seit den 1760er Jahren beschäftigte sich auch Johann Wilhelm Ludwig Gleim intensiv mit dem deutschen Minnesang und gehörte zu den ersten deutschen Autoren, die den mittelhochdeutschen Minnesang nachdichteten. Zudem veröffentlichte er 1773 *Gedichte nach den Minnesingern*.
Ludwig Tieck hat sich schon zu Beginn des 19. Jahrhunderts dem Minnesang zugewendet und setzt sich dabei vor allem mit dem ‚Schwäbischen Zeitalter' auseinander. Die umfangreiche Vorrede zeichnet das idealische Bild einer Epoche und legt den Hintergrund seiner Sammlung dar. Daher lohnt es sich, diese ausgiebig zu zitieren, um sie tatsächlich wirken zu lassen:

> Ich will es mir vorbehalten, bei einer schicklichern Gelegenheit weitläuftiger von diesen Gedichten und ihrem historischen Zusammenhange zu sprechen. In einem Zeitraume von hundert Jahren waren alle diese verschiedenartigen Werke zu gleicher Zeit bei den Deutschen geliebt und geschätzt; bei den frühern wie bei den spätern Minnesingern findet man häufige Anspielungen auf diese Lieder, viele von ihnen

[155] Leibrock, Felix: *Aufklärung und Mittelalter. Bodmer, Gottsched und die mittelalterliche deutsche Literatur.* Frankfurt am Main et al. 1988, S. 69
[156] Schmid, Christoph: *Die Mittelalterrezeption des 18. Jahrhunderts zwischen Aufklärung und Romantik.* Frankfurt am Main et al. 1979, S. 228

sind durch die Unachtsamkeit unserer Vorfahren untergegangen, aber die Anzahl der zurückgebliebenen Manuskripte ist noch beträchtlich genug, wenn es nicht an Gelegenheit fehlte, sie bekannter und gelesener zu machen. Wir müssen annehmen, daß der Sinn für die Poesie in jener Zeit eben so innig, als empfänglich und viel umfassend war, jeder dieser Gegenstände bildete eine eigene poetische Welt um sich, ohne eine andere stören zu wollen, und alte Tradition, Liebe und Religion vereinigten die verschiedensten Gemüter zu einem Interesse. Der Ritterstand verband damals alle Nationen in Europa, die Ritter reiseten aus dem fernsten Norden bis nach Spanien und Italien, die Kreuzzüge machten diesen Bund noch enger und veranlassten ein wunderbares Verhältnis zwischen dem Orient und dem Abendlande; vom Norden so wie vom Morgen her kamen Sagen, die sich mit den einheimischen vermischten, große Kriegsbegebenheiten, prächtige Hofhaltungen, Fürsten und Kayser, welche der Dichtkunst gewogen waren, eine triumphierende Kirche, die Helden kanonisierte, alle diese günstigen Umstände vereinigten sich, um dem freien unabhängigen Adel und den wohlhabenden Bürgern ein glänzendes wunderbares Leben zu erschaffen, in welchem sich die erwachte Sehnsucht ungezwungen und freiwillig mit der Poesie vermählte, um klarer und reiner die umgebende Wirklichkeit in ihr abgespiegelt zu erkennen. Gläubige sangen vom Glauben und seinen Wundern, Liebende von der Liebe, Ritter beschrieben ritterliche Thaten und Kämpfe, und liebende, gläubige Ritter waren ihre vorzüglichsten Zuhörer. Der Frühling, die Schönheit, die Sehnsucht, die Fröhlichkeit, waren die Gegenstände, welche nie ermüden konnten, große Waffentaten und Zweikämpfe mußten alle Hörer hinreißen, um so mehr, um so unglaublicher und umständlicher sie geschildert waren, und wie die Pfeiler und die Wölbung der Kirche die Gemeine umfingen, so umgab die Religion, als das Höchste, die Dichtung und die Wirklichkeit, unter der sich alle Herzen in gleicher Liebe demütigten. Die Dichtkunst war kein Kampf gegen etwas, kein Beweis, kein Streit für etwas, sie setzte in schöner Unschuld den Glauben an das voraus, was sie besingen wollte, daher ihre ungesuchte, einfältige Sprache in dieser Zeit, dieses reizende Tändeln, diese ewige Lust am Frühling, seinen

> Blumen und seinem Glanz, das Lob der schönen Frauen und die Klagen über ihre Härte, oder die Freude über vergoltene Liebe. Kein Gedanke, kein Ausdruck ist gesucht, jedes Wort steht nur um sein selbst willen da, aus eigener Lust, und die höchste Künstlichkeit und Zier zeigt sich am liebsten als Unbefangenheit oder kindlicher Scherz mit den Tönen und Reimen.[157]

Aus dem Text Tiecks spricht weitreichende Begeisterung für das feudale Mittelalter mit seiner höfischen und ritterlichen Kultur, in der Religiosität, Kämpfe und Dichtung eine wesentliche Rolle spielten. Alles Negative der Zeit (von Krankheiten bis hin zum problematischen Verhältnis zwischen den Ständen) findet sich nicht. Fast ist man geneigt, Tiecks Äußerungen in die Gegenwart zu übertragen, in der das Mittelalter in Form von musikalischen und populärliterarischen Beiträgen, Rollenspielen und Veranstaltungen (von Mittelaltermärkten bis zu historischen Weihnachtsmärkten) neue Popularität in breiten Schichten erfährt. Es ist nicht weit hergeholt zu sagen, dass sich die Mittelalter-Begeisterung der hohen und späten Romantik seit einigen Jahren wiederholt. Wenn man Tieck folgt, findet man sogar im Mittelalter bereits Kernelemente der Romantik: „ewige Lust am Frühling, seinen Blumen und seinem Glanz“. Die glänzende Natur ist wesentliches Kennzeichen der Romantik und hat ihren Ursprung somit im Mittelalter. Enger könnte die Akzentuierung nicht ausfallen.

Hermann August Korff hat sich ausführlich mit Ludwig Tieck und dessen Ansatz befasst. Für Korff sind die *Minnelieder aus dem Schwäbischen Zeitalter* das „erste Dokument der romantischen Germanistik“, die sich nicht darauf beschränkt, „für sich selbst die Schätze der altdeutschen Poesie zu entdecken, sondern fühlte es als ihre Mission, sie auch für die Nation zu entdecken und dieser zurückzugeben, was sie, ohne darum zu wissen, an nationalen Werten besaß“.[158] Dafür aber sei es notwendig gewesen, die mittelalterliche Sprache an das Verständnis des 19. Jahrhunderts anzupassen – und für Korff habe Tieck dieses Problem vorbildlich gelöst, um den Originalcharakter der mittelalterli-

[157] Uerlings, *Theorie der Romantik*, S. 147f.
[158] Korff, *Goethezeit* IV, S. 142

chen Texte weitgehend zu erhalten.[159]

Tieck ist für Korff ein Musterbeispiel für die Mittelalterrezeption der Romantik. Dass es in der Epoche zu der Liebe zum Mittelalter und zur Dichtung des Zeitalters gekommen sei, könne als die natürliche Folge der allgemeinen Hinwendung der Frühromantik zur christlichen Ritterlichkeit des Mittelalters angesehen werden. Mit ihr sei die romantische Umwertung des Mittelalters vollzogen, das jetzt mithin als Schoß der Dichtung erscheine und das Mittelalter in der romantischen Auffassung zu einer Zeit der Religion und zu einer Zeit der Poesie zugleich geworden sei. Und das habe zur Folge, dass die „mittelalterliche Dichtung die höhere Form der Poesie, gewissermaßen die Poesie an sich“[160] sei – aber immer verbunden mit einer positiven Beurteilung des Rittertums als dem zentralen gesellschaftlich-ästhetischen Kern des Mittelalters.

Ludwig Tieck hat seine Motivation, sich mit dem Minnesang zu befassen, ebenfalls in der Vorrede dargelegt und verdeutlich, wie wichtig die Beschäftigung mit dieser Form der Poesie in der damaligen Gegenwart sei. Denn seiner Ansicht nach sei die zurückliegende Arbeit mit der älteren deutschen Poesie nicht immer von Erfolg gekrönt gewesen – sie habe in der breiteren Öffentlichkeit eben keine echte Wirkung gehabt. Das wolle er ändern, um dem breiten Lesepublikum herausragende Beispiele („die schönsten Stücke“) der Poesie jener Zeit mitzugeben. [161]

Auch Ludwig Uhland kommt das Verdienst zu, sich als Wissenschaftler mit der Literatur des deutschen Mittelalters befasst zu haben. Unter dem Titel *Alte hoch- und niederdeutsche Volkslieder mit Abhandlung und Anmerkungen* hat er eine Vielzahl solcher Texte gesammelt. Auch setzt er sich mit dem bekanntesten deutschen Minnesänger Walther von der Vogelweide ausgiebig auseinander. Der Aufsatz „Walther von der Vogelweide, ein altdeutscher Dichter“ versammelt nicht nur zahlreiche biografische (soweit das überhaupt bei der dürftigen Quellenlage möglich ist) und philologische Informationen, sondern eben auch eine Übersicht über das poetische Schaffen Walthers.

Der Dichter, dessen Leben und Charakter darzustellen ich

[159] Vgl. Korff, *Goethezeit IV*, S. 142

[160] Ebd., S. 144

[161] https://www.uni-due.de/lyriktheorie/texte/1803_tieck.html, Zugriff am 3. August 2019

> unternommen habe, schien mir vorzüglich geeignet, diejenige Richtung für das Erforschen der altdeutschen Poesie zu bezeichnen, welche, nach meinem Dafürhalten, noch mit besondrem Eifer zu verfolgen ist, wenn ein lebendiges und vollständiges Bild von dem dichterischen Treiben jenes Zeitalters hervortreten soll.[162]

Ludwig Uhland möchte also nicht weniger als eine Vorbildfunktion für die Erforschung des literarischen deutschen Mittelalters einnehmen, um ein umfassendes literaturgeschichtliches Bild des Zeitalters zu zeichnen und für die Gegenwart und die Nachwelt zugänglich zu machen. Dafür hat Uhland Walther von der Vogelweide ausgewählt als den Dichter, der über alle Epochen hinweg wie kein anderer mit dem deutschen Minnesang identifiziert worden ist und auch noch heute regelmäßig den ersten Berührungspunkt für Interessierte, Schüler und Studierende hinsichtlich der mittelhochdeutschen Lyrik bildet. Für Uhland steht Walther von der Vogelweide im Mittelpunkt des Interesses und bildet den Ausgangspunkt für die weitere Beschäftigung mit dem Mittelalter.

Uhland fordert dabei vor allem eine Beschäftigung auf der Ebene der Persönlichkeit des Dichters und der individuellen Verhältnisse von Charakter, Raum und Zeit. Das hat natürlich nichts mit moderner Germanistik zu tun, die den Zusammenfall von Biografie und Text und die Interpretation von Texten auf Basis der Lebensdaten bzw. -ereignisse grundsätzlich vermeidet bzw. ausschließt. Für Uhland ist gerade dies aber wichtig. Warum? „Die reichhaltigen Liedersammlungen enthalten, bei allem Gemeinsamen in Form und Gegenstand der Dichtung, gleichwohl eine große Mannigfaltigkeit von Dichtercharakteren, eigentümlichen Verhältnissen und Stimmungen, persönlichen und geschichtlichen Beziehungen."[163]

Damit wollte Uhland sich auch gegen eine Reihe von Textsammlern wie Gleim oder eben auch Tieck wenden, die aus seiner Sicht Minnelieder durch Bearbeitungen bzw. Übertragungen modernisiert und dem Zeitgeschmack angepasst hatten:

---

[162] Uhland, *Werke*, Band 2, S. 53
[163] Ebd.

> Weil übrigens der Dichter doch nur aus seinen Liedern vollständig begriffen wird und weil Walthers Lieder gerade die Hauptquelle sind, woraus wir über seine Lebensumstände Aufschluß erhalten, so habe ich überall die Gedichte selbst oder doch bezeichnende Stellen aus den denselben in die Darstellung verwoben. Die Form, in der ich diese Gedichte liefre, mußte durch den Zweck der ganzen Arbeit bestimmt werden. Sie mußten vor allem verständlich sein. Es war hier nicht sowohl um die sprachliche Beziehung, als um die Aufklärung über Schicksal und Charakter des Dichters zu tun. Darum wählte ich den Weg der Übertragung aus der älteren Mund- und Schreibart in die neuere.[164]

Damit macht Ludwig Uhland sein Konzept deutlich. Sein Interesse liegt vorranging in der Person Walthers von der Vogelweide begründet. Diesem Interesse ordnet er philologische Korrektheit unter, wie er auch selbst eingesteht:

> Nicht unbekannt ist mir, wie wenig dieses Verfahren bei gründlichen Kennern des deutschen Altertums empfohlen ist. Es gehen dabei manche Feinheiten der alten Sprache verloren und nicht geringere Schwierigkeit, als die gänzlich veralteten Formen und Worte, bieten häufig diejenigen dar, welche, noch jetzt gangbar, ihre Bedeutung mehr oder weniger verändert haben und dadurch zum bloßen Scheinverständnisse verleiten können [...]. Auf der andern Seite ist manchen auch die leichteste Abweichung vom gegenwärtigen Sprachgebrauche unerträglich.[165]

Und so habe Uhland freilich die Gedichte in die Darstellung aufgenommen, das sei ihm sogar „wesentlich" gewesen – aber eben nicht in der „alten Schreibart", sondern modernisiert, um den „lebendigen Zusammenhang" nicht zu stören. Das bedeutet: Als Literaturwissenschaftler und Professor für deutsche Sprache und Literatur an der Universität Tübingen, der Vorlesungen über die Geschichte der deutschen Poesie im Mittelalter hält und als korrespondierendes Mitglied der Wiener Akademie der Wissenschaften wirkt, wählt Uhland den Weg der lebendigen

[164] Uhland, *Werke*, Band 2, S. 55
[165] Ebd., S. 55f.

Darstellung gegenüber der wissenschaftlich korrekten Arbeitsweise, um den Blick für Walther von der Vogelweide zu öffnen. Daher ist „Walther von der Vogelweide, ein altdeutscher Dichter" kaum dazu geeignet, als Quelle für das Studium der mittelhochdeutschen Texte zu dienen.
Aber dennoch ist der Aufsatz von großem Wert, schafft er es doch, neben der Einsicht in einen weiteren Teil der romantischen Mittelalterrezeption, nochmals einen Brückenschlag zu Uhlands eigentlichem Schaffen, das durch seinen Walther-Aufsatz und den darin vermittelten Ansatz, ursprüngliches Gedanken- und Charaktergut zu vermitteln, nochmals unterstrichen wird:

> Denn Volkstümlichkeit in einem schönen und edlen Sinne war das bewußte Ideal von Uhlands Liedern. Und da dem Dichter dies zu verwirklichen wie kaum einem zweiten gelang, so war es nicht mehr als recht und billig, daß ihnen eine Volkstümlichkeit zuteil wurde, um die ihr Dichter sich so sehr bemühte.[166]

V.I.2 *Die Schwäbische Dichterschule*

> „Wohin soll den Fuß ich lenken, ich, ein fremder Wandersmann, / Daß ich eure Dichterschule, gute Schwaben, finden kann?" / Fremder Wanderer! o gerne will ich solches sagen dir: / Geh durch diese lichte Matten in das dunkle Waldrevier, / Wo die Tanne steht, die hohe, die als Mast einst schifft durchs Meer; / Wo von Zweig zu Zweig sich schwinget singend lust'ger Vögel Heer; / Wo das Reh mit klaren Augen aus dem dunkeln Dickicht sieht / Und der Hirsch, der schlanke, setzet über Felsen von Granit; / Trete dann aus Waldes Dunkel, wo im goldnen Sonnenstrahl / Grüßen Berge dich voll Reben, Neckars Blau im tiefen Tal; / Wo ein goldnes Meer von Ähren durch die Ebnen wogt und wallt, / Drüber in den blauen Lüften Jubelruf der Lerche schallt; / Wo der Winzer, wo der Schnitter singt ein Lied durch Berg und Flur: / Da ist schwäb'scher Dichter Schule, und ihr Meister heißt – Natur![167]

[166] Korff, *Goethezeit IV*, S. 221
[167] Kerner, Justinus: *Werke.* Sechs Teile in zwei Bänden. Herausgegeben von

In seinem Gedicht *Die schwäbische Dichterschule* von 1839 beschreibt Justinus Kerner, der uns bereits als Intimus von Ludwig Uhland begegnet ist, die Dichtergruppe, die wir bis heute als die ‚Schwäbische Dichterschule' kennen. Kerner war ein Arzt, medizinischer Schriftsteller, Dichter und selbst, wie sein Freund Uhland, Gründungmitglied dieses lockeren Zusammenschlusses von Dichtern, der sich 1805 bis 1808 an der Universität Tübingen eben um Justinus Kerner und Ludwig Uhland gebildet hatte. Damit fällt die Gründung zwar in die Frühromantik, aber erhebliche Prägung hat die Schwäbische Dichterschule erst wesentlich später erhalten. Dies lässt sich bereits am Jahrgang des Kerner-Gedichts ablesen, das mehr als 30 Jahre nach der Gründung an der Universität entsteht. Zudem sind neben Justinus Kerner und Ludwig Uhland vor allem auch solche Dichter als Mitglieder des Zusammenschlusses bekannt, die zeitlich weit nach der Frühromantik zu verorten sind, mithin zum Teil sogar mit ihrem Schaffen weit über die Romantik generell hinausreichen. Dazu zählen beispielsweise Eduard Friedrich Mörike, eher als Erzähler des Biedermeier bekannt, der Pfarrer, Gymnasialprofessor und Schriftsteller Gustav Schwab, heute noch gerühmt für seine Sagen des klassischen Altertums (1838 bis 1840), einen Klassiker der deutschsprachigen Kinder- und Jugendliteratur, oder auch Nikolaus Lenau, der als größter lyrischer Dichter Österreichs im 19. Jahrhundert gilt und erst ab 1830 wirklich produktiv wurde, nachdem er durch eine Erbschaft finanzielle Unabhängigkeit erlangt hatte. Zum Teil fällt die Gruppierung auch mit dem Seracher Dichterkreis zusammen, dem Ludwig Uhland, Nikolaus Lenau, Emma Niendorf, Gustav Schwab, Justinus Kerner, Hermann Kurz, Karl Mayer, Karl August Varnhagen von Ense und Alexander von Württemberg angehörten und der sich ab 1831 regelmäßig bei Esslingen am Neckar auf Schloss Serach, dem Sommersitz des Grafen Alexander von Württemberg, traf.

Folgen wir Justinus Kerner und seinem Gedicht, ist die Schwäbische Dichterschule vor allem durch eine umfassende Naturerfahrung geprägt. Der „Meister" der Schwäbischen Dichterschule heißt dementsprechend auch „Natur", wie der Schlussvers des Gedichtes eindeutig darstellt. Es ist die Naturerfahrung des Schwabenlandes, in dessen Zentrum der Neckar fließt, der wie-

Raimund Pissin. Berlin 1914. Band 1, S. 22

derum eingerahmt ist von den Weinbergen (das Weinbaugebiet Württemberg erstreckt sich entlang dem Neckartal über Heilbronn und Stuttgart bis Tübingen), goldenen Ähren auf den Feldern und dunklen Wäldern. Es ist ein Lob auf die Natur, wie wir es aus der Romantik zur Genüge kennen, und zugleich weist es aus der Gegenwart hinaus in eine idealisierte Zeit, was ebenfalls zum genuinen Gestus der Gruppe gehört. Gero von Wilpert bezeichnet die Dichter als „Verfasser volksliedhafter oder bürgerlich-idyllischer Lyrik, Romanzen und Balladen nach mittelalterlichen und lokalen Stoffen und Sagen“[168]. Diese Art von Dichtung finden wir bei den meisten der Mitglieder, vorzüglich-exemplarisch natürlich bei Uhland, weiterhin auch bei Kerner (*Der reichste Fürst*) oder ebenso Eduard Mörike (*Septembermorgen*), wobei dessen Lyrik schon den stark biedermeierlichen Charakter aufweist, für den Mörike generell steht: „Im Nebel ruhet noch die Welt, / Noch träumen Wald und Wiesen: / Bald siehst du, wenn der Schleier fällt, /Den blauen Himmel unverstellt, / Herbstkräftig die gedämpfte Welt / In warmem Golde fließen.“[169]

Trotz der zunächst harmlos-betulichen Erscheinung der Gruppe war sie nicht frei von Kritik. Besonders Heinrich Heine griff in seinem 1838 erschienenen *Schwabenspiegel* die Schwäbische Dichterschule für ihre Provinzialität und Borniertheit an und warf ihnen dabei schon eine feste ‚schwäbische‘ Struktur vor, die bereits dazu geführt habe, dass die großen Denker wie Friedrich Schiller, Friedrich Wilhelm Joseph Schelling und Georg Wilhelm Friedrich Hegel die Flucht aus dem Schwabenland ergriffen hätten. Dabei spart Heinrich Heine auch nicht an persönlichen Angriffen: Für Ludwig Uhland beispielsweise gebraucht der Dichter (der trotz manch fragwürdiger Kritiken natürlich zu den größten Schriftstellern und Publizisten deutscher Sprache gehört) das Bild des spanischen Ritters Cid (ein kastilischer Ritter und Söldnerführer aus der Zeit der Reconquista, der in der Neuzeit zum spanischen Nationalhelden avancierte), der trotz aller Verletzungen auf sein Pferd gebunden wurde, um die Truppen gegen die Feinde anzuführen. Für Heinrich Heine wurde Uh-

---

[168] von Wilpert, *Sachwörterbuch der Literatur*, S. 741

[169] Mörike, Eduard: *Sämtliche Werke in zwei Bänden.* Mit einem Nachwort von Benno von Wiese sowie einer Zeittafel, einer Bibliographie und Anmerkungen von Helga Unger. München 1967. Band 1, S. 743

land wie weiland Cid gegen die Gegner der Schwäbischen Dichterschule ausgeschickt, obwohl er bereits immer weniger produktiv gewesen sei.
Seine Schmähkritik an der Schwäbischen Dichterschule, die durchaus als unfein zu bezeichnen ist, kulminiert im Gedicht *Der Tannhäuser*, in der der Ritter Tannhäuser seiner Geliebten folgendes aus dem Schwabenland über die Dichtergruppe berichtet: „In Schwaben besah ich die Dichterschul, / Gar liebe Geschöpfchen und Tröpfchen! / Auf kleinen Kackstühlchen saßen sie dort, / Fallhütchen auf den Köpfchen."[170] Dazu wollen wir gar nicht viele Worte verlieren: Heinrich Heine bezeichnet die Dichter der Schule als (dumme) Kinder („Geschöpfchen und Tröpfchen"), die für ihr Geschäft auf der Toilette sitzen und dabei von einem „Fallhütchen" geschützt werden. Der Fallhut sollte die Stirn von kleinen Kindern beispielsweise vor dem Zusammenstoß mit Tischkanten oder Türknäufen schützen, um ihnen ein wenig Bewegungsfreiheit zu ermöglichen. Das zeigt, dass Heine nur beißenden Spott für die Dichtergruppe, in der wirklich große Namen versammelt sind, übrig hat und diese nicht ernstnehmen kann; vielleicht die größte Schmach überhaupt.

[170] Heine, Heinrich: *Werke und Briefe in zehn Bänden.* Herausgegeben von Hans Kaufmann. Berlin und Weimar[2] 1972. Band 1, S. 258

V.II E.T.A. Hoffmann: Realität vs. Fantasie

Die Spätromantik hat mit Ernst Theodor Amadeus (E.T.A.) Hoffmann[171] einen Schriftsteller hervorgebracht, der es schnell auf den Olymp der deutschen Literatur gebracht hat und bis heute unvergessen ist. Vor allem die Erzählliteratur E.T.A. Hoffmanns (der auch als Jurist, Komponist, Kapellmeister, Musikkritiker, Zeichner und Karikaturist tätig war) gehört weithin zum Bekanntesten, das in der Romantik, ja im 19. Jahrhundert entstanden ist. Hoffmanns Leben ist unbestimmt, er wechselt zwischen Staatsdienst und Kunstwelt, wurde durch zahlreiche Texte berühmt, leistet sich einen erheblichen Pflichtverstoß und einen Affront gegen die Obrigkeit und kommt in den Ruf eines pflichtvergessenen und höchst unzuverlässigen Staatsbeamten. Zeitgleich leidet er ab 1818 an einer fortschreitenden Lähmung, deren Ursache unbekannt ist, und stirbt schließlich 1822 an einer Atemlähmung.

Man weiß aufgrund des umfangreiches Werks E.T.A. Hoffmanns kaum, wo man beginnen soll. Daher wird ein chronologischer Ansatz gewählt, der die (natürlich nur bis zu einer gewissen Stelle objektive) Auswahl bestimmt. *Der goldne Topf* ist eine romantische Novelle, die 1814 erstmals erschien, 1819 vom Autor überarbeitet wurde und als das erfolgreichste Werk Hoffmanns gilt. Der Autor hat dem Werk die Gattungsbezeichnung „Märchen aus der neuen Zeit“ gegeben, daher wird es auch als „Kunstmärchen“[172] bezeichnet. Die Handlung der Novelle beginnt an einem zeitlich nicht bestimmten Himmelfahrtstag in Dresden. Ein junger Student namens Anselmus stößt am Schwarzen Tor von Dresden den Korb einer alten Apfelhändlerin um. Um den Schaden der alten Frau zu mildern, gibt er ihr seinen ganzen Geldbeutel, den er eigentlich für die feierlichen Aktivitäten verwenden wollte, rennt dann aber schnell weg. Dann setzt sich die fantastische Handlung der Novelle in Gang: Anselmus tritt in den Dienst des Geheimen Archivarius Lindhorst, der ihn mit seinen Zauberkünsten beeindruckt und mit

---

[171] 24. Januar 1776 bis 25. Juni 1822 in Berlin; Vorname eigentlich Ernst Theodor Wilhelm, 1805 umbenannt in Anlehnung an den von ihm bewunderten Komponisten Wolfgang Amadeus Mozart.

[172] Das ist eine spezielle Ausprägung der Literaturgattung des Märchens. Im Gegensatz zu den Volksmärchen ist die Urheberschaft von Kunstmärchen einem bestimmten Dichter oder Schriftsteller zuzuordnen.

dessen Tochter Serpentina, die auch in Gestalt einer Schlange auftritt, eine Beziehung beginnt, die am Ende in die Ehe mündet, um gemeinsam glücklich im Zauberland Atlantis auf einem Rittergut zu leben. Dazwischen stellt sich das Apfelweib noch als bösartige Hexe heraus, der Archivarius als ein Salamander, der als Elementargeist des Feuers aus der sagenhaften Welt Atlantis verbannt worden ist und sich gemeinsam mit seinem Papagei einen Kampf auf Leben und Tod mit der Apfelhexe (die eigentlich eine Runkelrübe ist) und ihrem schwarzen Kater liefert, den er schließlich gewinnt. Anselmus' eigentliche Liebe Veronika sucht das betont bürgerliche Leben und heiratet Anselmus' Freund Heerbrand, der mittlerweile Hofrat geworden war, was Veronika sich eigentlich von dem jungen Studenten erhofft hatte.
Anselmus steht wischen Alltagsrealität und phantastischer Welt einerseits und den „Guten“ und den „Bösen“ andererseits und muss sich zwischen Veronika sowie den bürgerlichen Vorteilen einer Position als Hofrat und den Verlockungen der Wunder der fantastischen Welt entscheiden. Als Anselmus in einer Kristallflasche eingesperrt ist, erkennt er seinen wahren Wunsch nach Glauben, Liebe und Hoffnung und wendet sich von der Alltagsrealität und dem philisterhaften Wesen ab. Am Schluss findet Anselmus sein Glück in der völligen Hingabe an das Fantastische und lebt sein Leben in Atlantis, wo sich ihm „der heilige Einklang aller Wesen als tiefstes Geheimnis der Natur offenbart“, und „des Anselmus Seligkeit [ist nichts] anderes als das Leben in der Poesie“.[173]

Meier erkennt in *Der goldne Topf* den „glücklichste[n] Referenztext für alles romantische Erzählen, als sich das Märchen in der Hauptsache darum dreht, wie Märchen überhaupt noch zu erzählen sind“. Für ihn zeigt die Geschichte um Anselmus und die übrigen teils fantastischen Figuren alle Besonderheiten, die „das romantische Dichten ausmachen: Transzendentalpoesie, progressive Universalpoesie und Sympoesie“.[174] Zugleich aber macht E.T.A. Hoffmann deutlich, dass das Poetisch-Fantastische nicht die allein beherrschende Ebene der Welt ist, denn auch die Realität beansprucht ihren Anteil am Welt- und Personengeschehen

[173] Hoffmann, E.T.A.: *Der goldne Topf. Ein Märchen aus der neuen Zeit.* Nachwort von Hartmut Steinecke. Stuttgart 1953, S. 130
[174] Meier, *Klassik – Romantik*, S. 334

– die „Zauberkraft der poetischen Fantasie wird […] immer wieder gebannt“. Das erweist sich zum Beispiel am Beginn der Zweiten Vigilie[175]:

> „Der Herr ist wohl nicht recht bei Troste!“ sagte eine ehrbare Bürgersfrau, die vom Spaziergange mit der Familie heimkehrend, still stand und mit übereinandergeschlagenen Armen dem tollen Treiben des Studenten Anselmus zusah. Der hatte nämlich den Stamm des Holunderbaumes umfaßt und rief unaufhörlich in die Zweige und Blätter hinein: „O nur noch einmal blinket und leuchtet, ihr lieblichen goldnen Schlänglein, nur noch einmal laßt eure Glockenstimmchen hören! Nur noch einmal blicket mich an, ihr holdseligen blauen Augen, nur noch einmal, ich muß ja sonst vergehen in Schmerz und heißer Sehnsucht!“ Und dabei seufzte und ächzte er aus der tiefsten Brust recht kläglich und schüttelte vor Verlangen und Ungeduld den Holunderbaum, der aber statt aller Antwort nur ganz dumpf und unvernehmlich mit den Blättern rauschte und so den Schmerz des Studenten Anselmus ordentlich zu verhöhnen schien. – „Der Herr ist wohl nicht recht bei Troste“, sagte die Bürgersfrau, und dem Anselmus war es so, als würde er aus einem tiefen Traum gerüttelt oder gar mit eiskaltem Wasser begossen, um ja recht jähling zu erwachen. Nun sah er erst wieder deutlich, wo er war, und besann sich, wie ein sonderbarer Spuk ihn geneckt und gar dazu getrieben habe, ganz allein für sich selbst in laute Worte auszubrechen. Bestürzt blickte er die Bürgersfrau an und griff endlich nach dem Hute, der zur Erde gefallen, um davonzueilen. Der Familienvater war unterdessen auch herangekommen […]: „Lamentier' der Herr nicht so schrecklich in der Finsternis, und vexier' Er nicht die Leute, wenn Ihm sonst nichts fehlt, als daß Er zuviel ins Gläschen geguckt – geh Er fein ordentlich zu Hause und leg' Er sich aufs Ohr!“[176]

---

[175] *Der goldne Topf* ist in zwölf Vigilien eingeteilt. Vigilien bezeichnen traditionell die christlichen Stundengebete als Antwort der Kirche auf das Apostelwort „Betet ohne Unterlass!“ (1. Thess. 5,17) Dieser Begriff verweist auf die Umstände der Entstehung des Werks als ein Produkt nächtlicher Arbeit.

[176] Hoffmann, *Der goldne Topf*, S. 14f.

Die Novelle stellt eine Entwicklungsgeschichte dar, die von Dresden (Studentenleben) bis nach Atlantis (Poetenleben) reicht. Diesen Kampf, der auch mit den Verführungen des bürgerlichen Lebens zu tun hat, muss Anselmus ausfechten und sich letztlich selbst entscheiden, welchen Weg er gehen will: den Weg der ehrbar-bürgerlichen Gesellschaft in der Wirklichkeit oder den Weg nach Atlantis, also ins „Reich jenseits der Welt und der Gesellschaft". Dass der Weg zum Schriftsteller, zum Poeten, bereits durch Anselmus' berufliche Entwicklung forciert wird, ist ein interessanter Nebenaspekt, auf den Hartmut Steinecke hinweist:

> Der Weg zum Dichter läßt sich genauer als Prozeß des Schreiben-Lernens bezeichnen. Bereits zu Beginn werden Anselmus' ‚Schreiberdienste' und seine kalligraphischen Neigungen erwähnt. Zunächst arbeitet er als Kopist, im frühen 19. Jahrhundert noch eine durchaus anerkannte Tätigkeit. Auf das engste verbunden mit einer Einführung in das Wunderbare und der Steigerung seiner Liebe zu Serpentina löst sich Anselmus vom bloßen Nachschreiben und entwickelt kreative Fähigkeiten. Schließlich versteht er die Texte, die er abschreibt, ‚aus dem Innersten heraus'. Gleichzeitig mit der Steigerung seiner handwerklichen Fähigkeiten und der Ausbildung seiner Schreibkünste führen auch die Texte, die ihm vorgelegt werden, zurück über die Buchstabenschrift zu den Hieroglyphen und über die Texte des Koptischen bis hin zum Sanskrit, in dem die Romantiker, Friedrich Schlegel folgend, den Ursprung der Poesie sahen. In der 10. Vigilie ist mit dem Bekenntnis zu Serpentina und der Heirat mit ihr die Verwandlung des Schreibers in den Dichter vollzogen.[177]

Der goldne Topf ist also auch gleichzeitig eine romantische Initiationsgeschichte, die über den Weg der handwerklich-technischen und akademischen Vervollkommnung der Sprach-, Sprech- und Schreibfähigkeit das Tor zum höchsten, zum idealen Zustand öffnet: das Tor zum Dichterhimmel, in den Anselmus in Atlantis eintritt und damit ein- für allemal die bürgerliche Wirklichkeit hinter sich lässt. So heißt es in der letzten Vigilie, geäußert

[177] Ebd., S. 144f.

durch einen namenlosen Ich-Erzähler, der aber leicht mit dem Autor Hoffmann selbst zu identifizieren ist und auf seine eher unglücklich verlaufende Biografie zurückdeutet:

> „Ach, glücklicher Anselmus, der du die Bürde des alltäglichen Lebens abgeworfen, der du in der Liebe zu der holden Serpentina die Schwingen rüstig rührtest und nun lebst du in Wonne und Freude auf deinem Rittergut in Atlantis! – Aber ich Armer! – bald – ja in wenigen Minuten bin ich selbst aus diesem schönen Saal, der noch lange kein Rittergut in Atlantis ist, versetzt in mein Dachstübchen, und die Armseligkeiten des bedürftigen Lebens befangen meinen Sinn, und mein Blick ist von tausend Unheil wie von dickem Nebel umhüllt, daß ich wohl niemals die Lilie schauen werde.“ [178]

Was, wenn nicht Neid und Bewunderung, drücken sich in diesen Worten aus, dass es einer geschafft hat, der philisterhaften Enge des (Erwerbs-)Lebens zu entkommen. Hoffmann selbst rückt sich und seinen Zustand in den Fokus dieser Zeilen: Das Märchen als Fluchtstrategie ist bald zu Ende geschrieben, dann folgt der tiefe Fall zurück in den wenig erquicklichen Alltag, der zu dem Zeitpunkt viele ökonomische Fährnisse für den Dichter mit sich brachte. *Der goldne Topf* zeigt damit nicht nur die erfolgreiche Realitätsflucht des Studenten Anselmus, sondern eben (leider) auch die erfolglose des Autors E.T.A. Hoffmann.
Als Paradebeispiel der Schwarzen Romantik und ebenso als einer der bedeutendsten Texte Hoffmanns kann desweiteren *Der Sandmann* angeführt werden. Geschildert wird in der Erzählung das Schicksal des Studenten Nathanaels, der unter dem Einfluss traumatischer Kindheitserinnerungen verrückt wird und letztlich Selbstmord begeht. Die Handlung kreist um die Wahnvorstellungen Nathanaels, der unter anderem regelmäßig von dunklen Mächten spricht, die über den menschlichen Geist bestimmen sollen. So taucht der Advokat Coppelius, der den Tod Nathanaels Vater in dessen Kindheit durch alchemistische Experimente herbeigeführt hatte, als Wetterglashändler Coppola wieder auf. Damit begegnet Nathanael auch die Schreckensfigur des Sandmanns wieder, eines Monsters, das Kindern die Augen ausreißt

[178] Ebd., S. 130

und dessen Geschichte Nathanael in seiner Kindheit von seiner Amme und seiner Mutter regelmäßig gehört hat. Realität und Fantasie verbinden sich zu einem explosiven Gemisch, das Nathanael das Leben kosten wird: Durch ein Fernrohr des Wetterglashändlers Coppola wird die Holzpuppe Olimpia für Nathanael lebendig, sodass er seine Verlobte Clara vergisst. Er beschließt, Olimpia einen Heiratsantrag zu machen, doch erkennt er schließlich, was sie ist: eine automatisierte Holzpuppe. Wenigstens Clara indes scheint ihr Glück zu finden:

> Nach mehreren Jahren will man in einer entfernten Gegend Clara gesehen haben, wie sie mit einem freundlichen Mann, Hand in Hand vor der Türe eines schönen Landhauses saß und vor ihr zwei muntre Knaben spielten. Es wäre daraus zu schließen, daß Clara das ruhige häusliche Glück noch fand, das ihrem heitern lebenslustigen Sinn zusagte und das ihr der im Innern zerrissene Nathanael niemals hätte gewähren können.[179]

Hoffmann präsentiert das Bürgerliche als das „Normale und gute Durchschnittliche [...], ohne das eine Gesellschaft nicht bestehen [kann]. Nathanael aber ist der Ungewöhnliche und Außenseiter, der Künstler, der mehr sieht als die anderen und solche Erkenntnisse auch im Kunstwerk zu bewältigen und zu beherrschen versucht"[180].

Seinen Roman *Die Elixiere des Teufels* (1815/1816) hat E.T.A. Hoffmann auf der Grundidee des Romans *The Monk* von Matthew Gregory Lewis entwickelt, der auch im sechsten Kapitel des Textes – wenn auch ohne Nennung des Autors – selber erwähnt wird. Der begabte Klosterbruder Medardus geht an seiner eigenen Eitelkeit zu Grunde: Er verliert seine rhetorische Begabung, aufgrund dessen er sich für den heiligen Antonius hält, trinkt von dem Elixier des Teufels, um diese Gabe wiederzugewinnen, verlässt das Kloster, verliebt sich, wird zum Doppelmörder, trifft seinen Doppelgänger, wird in ein Komplott um den Papst verwickelt, entgeht knapp dem Tod und macht sich auf

[179] Hoffmann, E.T.A.: *Nachtstücke*. Herausgegeben von Hartmut Steinecke unter Mitarbeit von Gerhard Allroggen. Frankfurt am Main 2009, S. 49

[180] Schulz, *Die deutsche Literatur zwischen Französischer Revolution und Restauration II*, S. 431f.

den Weg zu seinem ehemaligen Kloster, nachdem er die Schriften eines alten Malers gelesen hat, worin er seine eigene Lebensgeschichte aufgeschrieben gefunden und nun verstanden hat. Am Ende stirbt Medardus' Geliebte Aurelie durch seinen Doppelgänger. Medardus selbst verliert das Leben an Aurelies erstem Todestag, während er seine Lebensgeschichte aufschreibt.
Medardus' Leben wird durch eine dunkle Macht geprägt, weil einer seiner Vorfahren durch die verbotene Beziehung mit einem Teufelsweib eine Erbsünde auf seinen künftigen Blutstamm gelegt hat. Dieser Fluch besteht wohl darin, dass jeder Nachfahre zur Triebhaftigkeit verleitet wird und durch verbotene, sündhafte Liebschaften den jeweils daraus stammenden Nachkommen diese Erbsünde weiter aufbürdet. Medardus soll durch die Zusammenkunft mit Aurelie in eine weitere sündige Liebschaft verwickelt werden, was aber nicht gelingt, da es nie zu der (vom Teufel) beabsichtigten Vereinigung zwischen ihm und Aurelie gekommen ist: Ihre Liebe beruht bis zum Schluss auf platonischer Zuneigung, und durch den Tod Aurelies entfällt die Möglichkeit, die sündige Blutlinie fortzuführen.
Christliche Legenden, die Gestalt des Teufels, Mord, Totschlag, Unzucht, eine schwere Form der Persönlichkeitsstörung: Hoffmann lässt nicht aus, um Angst und Schrecken zu verbreiten und den Einfall der Sünde in die Welt sowie die Verquickung des Realen und Fantastischen darzustellen. „Es war der Fluch des Sündenfalls, der den Menschen in unvermeidliche Verstrickungen und Verhängnisse trieb", aber aus dem „Verfall einer Familie geht als Chronist dieses Verfalls der bürgerliche Schriftsteller hervor", dessen Frömmigkeit man „dabei vor allem als literarisches Mittel zu verstehen habe[.], das die Darstellung des sonst Undarstellbaren ermöglicht, als den Versuch, einen Menschen wenigstens im Kunstwerk aus der Entfremdung von sich und der Welt auf den Weg zur Rückkehr ins Paradies, in die Heimat zu senden".[181]
Tod und Teufel, Magie und Hexerei, Zaubertränke und Fabelwesen: Man übertreibt nicht, E.T.A. Hoffmann in die Nähe der phantastischen Literatur zu rücken. Diese stellt metaphysische Annahmen als Fakt hin und macht Übernatürliches unter normalen Umständen möglich – das Übernatürliche wird zur Fakti-

[181] Schulz, *Die deutsche Literatur zwischen Französischer Revolution und Restauration II*, S. 444

zität. Hoffmann führt uns dies umfassend vor Augen, und zwar in allen seinen Hauptwerken. Er kombiniert Elemente des Magischen mit denen des Horrors, schickt Protagonisten auf albtraumhafte bzw. völlig fantastische Reisen, die die Grenzen zwischen Realität und Übernatürlichem kontinuierlich tangieren. Hoffmann greift tief in die literarische Zauberkiste, um seine Literatur auf eine neue Ebene zu heben, die damals keine Vergleichsgröße hatte. Freilich, vereinzelte Elemente sind auch von anderen Autoren bekannt, ob es die englischen Romantiker Shelley und Byron sind, Wilhelm Hauff oder Joseph von Eichendorff (*Das Marmorbild*). Aber die Phantastik bleibt dort jeweils ein Element, das eher eine passive Rolle spielt – keine sehr aktive wie bei E.T.A. Hoffmann. Bei ihm – dem Altvater der literarischen Phantastik – ist das anders: Die Elemente des Phantastischen sind die tragende Säule in seiner Literatur, ohne die die Texte nicht denkbar sind und keine Aussagekraft entwickeln. Selbst in Eichendorffs *Marmorbild* wird das Phantastische überlagert und ist nur Katalysator für die eigentliche Aussage. Streicht man aber bei Hoffmann das Phantastische, bleibt nichts übrig, und die Aussagekraft und vor allem natürlich auch die Anziehungskraft der Werke schwinden erheblich. Die Texte sind ohne die Verankerung im Übernatürlichen schlicht nicht denkbar.

Schon die Zeitgenossen haben diese Verbindung von Hoffmann zum Übernatürlichen bemerkt – aber nicht nur positiv. Heinrich Heine beispielsweise schrieb: „[Die] Purpurglut in Hoffmanns ‚Phantasiestücken' ist nicht die Flamme des Genies, sondern des Fiebers."[182] Hoffmanns Vorstellungskraft wird also mit einer Geisteskrankheit assoziiert, das Geniehafte (also das Prägende, das Einzigartige des anspruchsvollen Literaten) wird ihm abgesprochen. Nicht der genialische Rausch, sondern die schwere Krankheit ist für Heine der Auslöser des phantastischen Spektakels in den Werken des bis heute unvergessenen Spätromantikers.

[182] Heine, Heinrich: *Die romantische Schule*. Herausgegeben von Karl-Maria Guth. Berlin 2017, S. 78

V.III Ludwig Tieck und die späte Novellistik: Das Ende der Romantik

Wir haben verschiedentlich schon von Ludwig Tieck gelesen, wollen aber an dieser Stelle noch einmal einen Blick auf das späte Schaffen des äußerst produktiven Schriftstellers werfen. Denn so wie Tieck ab Ende des 18. Jahrhunderts dafür sorgt, dass die Romantik in Gang kommt, so schreibt er ab ca. 1830 immer mehr unter einem neuen Eindruck, in dem die Romantik nurmehr an der Oberfläche stattfindet, aber strukturell sich bereits in der Ablösung befindet. Der interessante Aspekt daran: Vordergründig „treffen wir in der Erzählliteratur auf eine signifikante Häufung von geradezu extrem traditionell romantischen, oder besser: ‚romantisierenden' Texten" in den 1830er Jahren, was sich an einem „gehäuften Auftreten romantischer Stoffe und Motive" erkennen lässt:

> Das Phänomen der verstärkten Hinwendung zu romantischen Erzählstoffen und -gattungen ist allerdings nicht, wie es auf den ersten Blick scheinen könnte, auf Vertreter der alten Goethezeitgeneration wie Tieck und Eichendorff beschränkt. Wir finden es auch innerhalb der jüngeren Autorengeneration, die zu Beginn bzw. zu Ende der 30er Jahre zu schreiben beginnt. [...] Es scheint sich also bei den Jahren zwischen ca. 1835 und 1840 quantitativ wie qualitativ um eine allerletzte Blütezeit der Romantik zu handeln. [183]

Wolfgang Lukas bringt es auf den Punkt: Mit den fortschreitenden 1830er Jahren bewegt sich die romantische Erzählliteratur auf ihren Höhe- und Endpunkt zu, parallel zum „um 1820 einsetzende[n] langfristige[n] Auflösungsprozeß der Goethezeit - und mit ihr der Romantik, die die dominante Strömung bzw. das dominante Teilsystem der zweiten Hälfte der Goethezeit repräsentiert". [184] Im Zeitraum um 1830 (im weiteren Sinne) tau-

[183] Lukas, Wolfgang: „Abschied von der Romantik. Inszenierungen des Epochenwandels bei Tieck, Eichendorff und Büchner", in: *Goethezeitportal*, http://www.goethezeitportal.de/fileadmin/PDF/db/wiss/epoche/lukas_epochenwandel.pdf, S. 1f.; Zugriff am 3. August 2019

[184] Lukas, Wolfgang: „Novellistik", in: *Zwischen Restauration und Revolution 1815—1848*. Herausgegeben von Gert Sautermeister und Ulrich Schmid. München 1998, S. 252

chen in der „Novellenliteratur neue Themen, Modelle, Probleme etc. [auf]; freilich koexistieren in jeder der Teilphasen neue literarische Modelle mit denen der vorangehenden Phase in einer je spezifischen Relation."[185] Somit bezeichnet Wolfgang Lukas den Zeitraum als „Übergangsepoche".[186]
Dieses Phänomen lässt sich an Ludwig Tieck nachvollziehen, der allein aufgrund seiner Lebensspanne das gesamte Zeitalter der Romantik miterlebt, -begleitet, mitbe- und -geschrieben hat und in seinen Berliner Jahren eine dekorative Rolle am königlichen Hof eingenommen hatte, die ihm den Beinamen „Romantiker auf dem Thron" eingebracht hatte. Besonders augenfällig wird der Schlusspunkt der Romantik in der Erzählliteratur bei Tieck in seinem letzten Text, der Novelle *Waldeinsamkeit* von 1841. Tieck hatte den Begriff der Waldeinsamkeit erstmals 1796 im Kunstmärchen *Der blonde Eckbert* in einem Gedicht verwendet und damit zum literarischen Motiv der Romantik erhoben. Der Wald wird dabei als idyllisches und ewiges Ideal mit der Einsamkeit des introvertierten romantischen Dichtertypus verknüpft und steht als Symbol für die heile Welt im inneren und äußeren Erleben. Aber in seiner letzten Novelle passiert eine

> selbstironische[.] Wiederaufnahme des Zauberwortes, mit dem Tieck für das Verständnis der Zeitgenossen erst so recht zum literarischen Romantiker geworden war. Nun, da man ihn zum König machte, klang es eher als Abdankung. Die Meinung der Jüngeren war außerdem zumeist gegen ihn. Er, der nicht ganz zu Unrecht das Manierierte, Schwächliche, Prätentiöse von Fouqués Werken scharf kritisiert hatte, teilte schließlich das härteste Dichterschicksal mit ihm: das Absinken in die Vergessenheit.[187]

Waldeinsamkeit ist eine sogenannte Initiationsnovelle, die den Übergang eines jungen Mannes in das Erwachsenen- und Mannesalter problematisiert. Ferdinand ist ein Träumer und Melancholiker, der eine romantische bzw. romantisierende Position in einer prosaisch werdenden und rein ökonomisch denkenden

[185] Lukas, *Novellistik*, S. 253
[186] Ebd.
[187] Schulz, *Die deutsche Literatur zwischen Französischer Revolution und Restauration II*, S. 504

Welt einnimmt. Die „Waldeinsamkeit“ ist daher bereits zum Mode-Schlagwort geworden und besitzt keinen poetischen Zauber mehr. Das bedeutet: Ludwig Tieck beendet auf Basis seiner eigenen kernromantischen Vorlage aus *Der blonde Eckbert* sein romantisches Schaffen und damit letztlich auch die Romantik, wie wir sie als eigenständiges System kennen. „Die nochmalige Heraufbeschwörung der Romantik als eine Form des Abschieds von ihr“, schreibt Wolfgang Lukas, und „Tieck spielt die Reinszenierung der Romantik an einen Punkt hin, an dem eine Fortsetzung nicht mehr möglich ist, an dem diese Phase des Ausstiegs notwendig ein Ende nehmen muß“.[188] Man ist geneigt, ihm zuzustimmen: Denn tatsächlich erscheint um diesen Zeitpunkt kaum noch romantische Literatur, die das Etikett wirklich noch verdient hätte. Der Wandel hin zu einem neuen Literatursystem ist längst vollzogen, und die neue Strömung des Realismus will nur noch wenige Jahre auf sich warten lassen.

V.IV Zusammenfassung

Nun ist der Leser hoffentlich nicht enttäuscht ob des jähen Endes. Aber es ist wichtig, auch diese Wendung in der Romantik zu kennen und einordnen zu können, genauso wie alle anderen Themen, denen wir im Kontext der Romantik begegnen können. Aus der Romantik entsteht das neue Literatursystem des Realismus, das bis Ende des 19. Jahrhunderts vorherrschen sollte. Aber die Spätromantik findet diesen Übergang nochmals mit *pomp and circumstance*, also Prunk und Pomp. E. T. A. Hoffmann, Ludwig Uhland, der späte Eichendorff, Gespenster- und Schauerromantik, die letztgültige Wiederentdeckung des Mittelalters, die ersten literarischen Versuche von berühmten Literaten des späteren 19. Jahrhunderts, die Aufnahme zeitpolitischer Themen im Rahmen der Restauration: Die Spätromantik nimmt in der literaturhistorischen Systematik einen wichtigen Rang ein; zwar unterscheidet sie sich thematisch von Früh- und Hochromantik, aber sie steht in ihrer Wirkung den vorangehenden Phasen in nichts nach. Die Spätromantik ist kein krampfhaftes Auslaufen oder Hinauszögern, sondern eine kraftvolle Zeit mit einem eigenen Sujet und einer Wirkung, die bis heute reicht.

[188] Lukas, „Abschied von der Romantik“, S. 2f. und 33

Dass sich die literarische Strömung des Biedermeier parallel entwickelt, ist ebenso kein negatives Zeichen für die Bedeutung der Spätromantik, sondern stellt sich sogar demonstrativ in deren Nähe. Auch wenn das Biedermeier zunächst ein ganz und gar philisterhaftes Leben verkörpert und damit der Romantik an sich fundamental entgegensteht, steht die „genügsame, unheroische und konservativ-unpolitische bürgerliche Dichtung" mit ihrer „Versenkung in die Vergangenheit der ‚guten alten Zeit'" und der Vermeidung des „Laute[n], Dämonische[n] und Große[n]" doch in einer gewissen Nähe zum Wesen der Spätromantik: „Die Epik bevorzugt neben dem Familien- und Künstlerroman – bei feinster Pflege des Stils – Formen wie Skizze, Stimmungsbild, Märchen oder geschlossene Novelle; auch in der Lyrik eine Neigung zum Epischen: Ballade, Idylle und Verserzählung blühen[.]"[189] Das alles finden wir, wenn auch natürlich in einer anderen Ausdrucksweise, in der (Spät-)Romantik, deren spezifischer Charakter (etwa die Vergangenheitsbezogenheit der volkstümlichen Dichtung oder das Auffinden einer betulichen Einfachheit in der Natur) die Entwicklung des Biedermeier mit beeinflusst hat bzw. haben kann. Die Spätromantik wirkt damit stark in die andere Strömung des Zeitalters der Restauration hinein, ohne allzu schnell von ihr abgelöst worden zu sein. Die Spätromantik behauptet sich, und das lange.

[189] von Wilpert, *Sachwörterbuch der Literatur*, S. 88

VI. Abschluss

Die Reise durch die literarhistorische Epoche der deutschen Romantik findet langsam, aber sicher ihr Ende. Das ist freilich kein Grund zur Trauer, denn wir haben zwar einen Überblick über die Ideen, Themen und Texte erhalten und sind an so manchen Stellen auch in die Tiefe abgetaucht. Aber final verhandelt ist die Romantik damit keinesfalls. Es ist noch sehr viel zu entdecken, zu vertiefen und miteinander zu verknüpfen. Wir haben die Früh-, Hoch- und Spätromantik in den Blick genommen und versucht, damit so etwas wie eine Ordnung herzustellen. Dass dies nur teilweise gelingen konnte, hat der Verfasser selbst mehr als einmal angemerkt. Die Schnittmengen zwischen den Strömungen sind groß, es existieren keine klaren Grenzen, und wer in der ersten Phase sich bereits als Romantiker betätigt hat, hat dies womöglich auch noch in der Spätromantik getan. Ein konsistentes chronologisches Bild, das im Sinne eines historischen Zeitstrahls genaue Abgrenzungen zieht und Autoren ausschließlich bestimmten Umfeldern zuordnet, kann daher nicht gezeichnet werden. Allein um dies nochmals an Ludwig Tieck zu exemplifizieren: Er ist konstitutives Element der Jenaer Romantik und prägt die Entwicklung dieses existenziell neuen Literatursystems wie kaum ein zweiter mit. Später in Berlin ist er so etwas wie der Hofdichter des preußischen Monarchen und schreibt die Romantik an ihr Ende.

Ein Ende indes, das sich schon länger abzeichnet, denn die Spätromantik sieht bereits die Neuentwicklung der literarischen Strömung des Biedermeier, die den Übertritt in das Zeitalter des Realismus markiert und die Spätromantik nicht von jetzt auf gleich beendet, sondern sie nach und nach ablöst und ihr sozusagen die Chance gibt, sich selbst ‚weich', das heißt literarisch zu beenden, so wie sie sich literarisch auch begründet hat, ohne dass die arrivierte Literatur der damaligen Zeit (i.e. die Weimarer Klassik) ihr Steine in den Weg gelegt hätte.

Dass eine Einführung in eine groß angelegte und produktive Strömung wie die Romantik immer Opfer bringen muss, versteht sich fast von selbst. Ein umfassendes Gemälde der Romantik zu schaffen, das Literatur, Philosophie, Zeitgeschehen und am besten auch noch Kunst und Musik als jeweils miteinander verknüpfte ästhetische Ausdrucksweisen gleichermaßen und *in extenso* darstellt, wird mit einer dreistelligen Seitenzahl nicht auskommen und kaum mehr den Charakter einer Einführung haben. Diese kann nur hinführen und dazu motivieren, die weitere Beschäftigung selbst zu suchen. Und wie viel ist noch zu entdecken.

Alle Autoren, die Eingang in diese Einführung gefunden haben, haben zum weit überwiegenden Teil ganz erheblich mehr geschrieben, als hier auch nur erwähnt worden ist; und jeder einzelne ist es wert, dass der Leser weiter in dessen Werk vordringt und alle die Texte zu Tage fördert, die ihn interessieren und einen tieferen Eindruck vom Schaffen des Autors vermitteln. Besonders lässt sich das romantische Drama entdecken, das (so auch in dieser Einführung) generell ein Schattendasein fristet. Und dann erst die Autoren, die im vorliegenden Beitrag aus Platzgründen gar keine Erwähnung gefunden haben. Um nur einige zu nennen: Adelbert von Chamisso (*Peter Schlemihls wundersame Geschichte* (1814)), Friedrich de la Motte-Fouqué (*Undine* (1811)), Wilhelm Hauff, Wilhelm Müller, Friedrich Rückert, Bettine von Arnim und Karoline von Günderrode sind zu nennen – und erst recht die sogenannten „Grenzgänger“, also die Autoren von Weltrang, die zwischen Klassik und Romantik lokalisiert, aber eben keinem System festzugeordnet werden, also Friedrich Hölderlin, Heinrich von Kleist und Jean Paul. Es ist also genug zu lesen und zu erforschen, bevor sich die Romantik einem vollständig erschließt.

Auch in internationaler Perspektive hat die Romantik eine erstaunliche Wirkung entfaltet. Sie als europäisches Phänomen zu bezeichnen, ist nicht übertreiben. Sie beeinflusste in allen großen Kulturnationen Philosophie, Dichtung, Künste, Religion, Wissenschaft, Politik und Gesellschaft. Das lässt sich zum Beispiel an der Rezeption der sogenannten Rheinromantik beobachten. Diese bezeichnet die Umsetzung der landschaftlichen Gegebenheiten sowie der sagenumwobenen Geschichte des Rheintals, besonders des Oberen Mittelrheintals. Das Obere Mittelrheintal liegt in Rheinland-Pfalz, am südlicheren Ostufer auch in Hessen, und trennt den Taunus im Osten vom Hunsrück im Westen. Mit seinen zahlreichen Burgruinen wurde die Region Anfang des 19. Jahrhunderts, auch im Zuge der literarischen Bewegung der Romantik, zum festen Ziel für Bildungsreisende. Seit 2002 ist

das Obere Mittelrheintal zum UNESCO-Welterbe ernannt worden.
George Gordon Byron, besser bekannt als Lord Byron, der große englische Romantiker, der 1788 geboren wurde und 1824 im griechischen Freiheitskampf gegen die Türken auf hellenischer Seite fiel, hat die Rheinromantik in seiner Verserzählung *Childe Harold's Pilgrimage* (deutsch: *Childe Harolds Pilgerfahrt*) akzentuiert. *Childe Harolds Pilgerfahrt* beschreibt die Reisen des jungen Schildknappen Harold, der aus Enttäuschung über sein Leben im väterlichen Haus sein Glück und Zerstreuung in fremden Ländern sucht. Byron hat in seiner Verserzählung seine eigenen Europa-Reisen verarbeitet. Während sich die ersten beiden Teile auf Südeuropa und Malta beziehen, geht es im dritten Gesang unter anderem um Deutschland – und dabei um den Rhein. 16 Strophen umfasst diese literarische Auseinandersetzung mit dem Fluss, den der Dichter aus eigener Anschauung kennt – so ist der gesamte Text biografisch geprägt. Byron ist auf seiner Reise in die Schweiz, wo er am Genfer-See mit dem Schriftsteller-Ehepaar Percy und Mary Shelley zusammentraf, den Rhein heraufgefahren. Besonders hat es ihm natürlich, wie vielen anderen romantischen Künstlern generell, der Mittelrhein angetan:

> Away with these! true Wisdom's world will be / Within its own creation, or in thine, / Maternal Nature! for who teems like thee, / Thus on the banks of thy majestic Rhine? / There Harold gazes on a work divine, / A blending of all beauties; streams and dells, / Fruit, foliage, crag, wood, cornfield, mountain, vine / And chiefless castles breathing stern farewells / From gray but leafy walls, where Ruin greenly dwells.[190]

Schon in den ersten Versen, die Lord Byron dem Rhein widmet, wird seine Sicht auf den großen Strom deutlich: Majestätisch sei dieser und die Schönheiten, die sich links und rechts an den Ufern versammelt fänden, ein „göttliches Werk“. Dazu gehören unter anderem Bäche und Täler, Felsen und Wälder, Weinreben und Berge – aber vor allem, wie bei Friedrich von Schlegel, die

[190] *The Collected Poems of Lord Byron with an Introduction and Bibliography.* Ware 1994, S. 209

unbewohnten Ruinen von Schlössern und Burgen, die immer wieder aus der Landschaft des Mittelrheins aufragen. Zudem hebt die Pilgerfahrt drei Orte besonders hervor: den Drachenfels, das Denkmal für den französischen General François Severin Marceau in Koblenz und die Festung Ehrenbreitstein gegenüber der Moselmündung bei Koblenz. Der berühmte Maler William Turner ist, auch inspiriert von Byrons Versepos, den Rhein heraufgefahren und hat viele Bilder von Weltrang im Kontext dieser Reise gemalt. Zu dieser Sammlung gehört auch das Bild „Drachenfels“ von 1817. Es zeigt die Landschaft am Rhein, die schon Byron in *Childe Harolds Pilgerfahrt* beschrieben hat: Man erkennt die schroffen Felsen und die Windungen des Rheins.

Und noch heute übt die Romantik eine große Faszination aus. Je stressiger die Zeiten werden, desto eher folgt der Rückzug in die Natur, die im Widerspruch zu einem ökonomisch getriebenen urbanen Umfeld als Ort der Ruhe, Idylle und Entspannung angesehen wird. Das haben die Romantiker im Zeitalter einer beginnenden Ökonomisierung und Industrialisierung getan und wir tun es nun im Heute. Das zeigt sich nicht zuletzt an der Faszination für ‚romantische' Themen, die sich unter anderem in der neuen Rezeption des Mittelalters in der Kunst, in modernen Ritterspielen und dem Besuch von mittelalterlich-romantischen Natur- und Baudenkmälern widerspiegelt. Das Obere Mittelrheintal und romantische Städte wie Heidelberg eilen von Touristenrekord zu Touristenrekord, Mittelaltermärkte und historische Weihnachtsmärkte sind beliebt wie nie, und kaum ein Haushalt kommt ohne Grimms Märchensammlung, Ritter- und anderen Geschichten aus, in denen sich romantische Bezüge erkennen lassen, vor allem aus der Volksdichtung heraus.

Apropos Volk: Der Bezug auf Volkstümliches, auf Nationales, sogar auf ‚Völkisches', spielt im gegenwärtigen politischen Diskurs ebenfalls eine wieder stärkere Rolle. Die Debatte um Sinn und Unsinn dieser Idee gehört nicht hierher, diese Einführung ist nicht politisch. Aber es sei der Hinweis erlaubt, dass die Umfunktionierung der Romantik als politisches Konzept bereits in den dunkelsten zwölf Jahren der deutschen Geschichte stattgefunden hat: Nationalsozialismus und Romantik sind eng verbunden, und „Nationalsozialismus ist politische Romantik“[191].

[191] Safranski, *Romantik. Eine deutsche Affäre*, S. 348

Und wenn der NS-Propagandaminister Joseph Goebbels zur Wahl Adolf Hitlers 1933 zum Reichskanzler schreibt, müssen wir dazu keine Worte mehr verlieren: „Wenn ich den politischen Umbruch auf seinen einfachsten Nenner bringe, dann möchte ich sagen: Am 30. Januar ist endgültig die Zeit des Individualismus gestorben. Die neue Zeit nennt sich nicht umsonst Völkisches Zeitalter. Das Einzelindividuum wird ersetzt durch die Gemeinschaft des Volkes.“[192]

Das soll den hoffentlich positiven Eindruck, den diese Einführung von der Romantik natürlich erwecken will, nicht trüben. Aber es wichtig zu wissen, welche Umdeutung das System in der Geschichte erfahren hat und welche Risiken bei einem allzu leichtfertigen Umgang mit der romantischen Ideengeschichte entstehen können. Dennoch ist der ausgesprochene Wunsch des Verfassers, dass wir die Romantik als das in Erinnerung behalten, das sie sein wollte und sein sollte: eine hochinteressante Epoche, die neue Ideen von Mensch und Natur in den Vordergrund rückt und uns zeigt, was wirklich wichtig sein kann im Leben.

[192] Safranski, *Romantik. Eine deutsche Affäre*, S. 351

VII. Bibliographie

Primärliteratur

Arndt, Ernst Moritz: *Werke. Teil 1: Gedichte.* Herausgegeben von August Lesson. Berlin u.a. 1912

Brentano, Clemens: *Werke.* Herausgegeben von Friedhelm Kemp. München 1963–1968

Eichendorff, Joseph von: *Sämtliche Gedichte und Versepen.* Herausgegeben von Hartwig Schultz. Frankfurt am Main 2006

Eichendorff, Joseph von: *Ahnung und Gegenwart. Sämtliche Erzählungen I.* Herausgegeben von Wolfgang Frühwald und Brigitte Schillbach. Frankfurt am Main 2007

Heine, Heinrich: „Die Romantik", in: *Historisch-kritische Gesamtausgabe der Werke*. Herausgegeben von Jan-Christoph Hauschild. Hamburg 1993

Heine, Heinrich: *Werke und Briefe in zehn Bänden.* Herausgegeben von Hans Kaufmann. Berlin und Weimar[2] 1972

Heine, Heinrich: *Die romantische Schule*. Herausgegeben von Karl-Maria Guth. Berlin 2017

Hennen, Bernhard: *Nebenan.* München 2002

Hoffmann, E.T.A.: *Der goldne Topf. Ein Märchen aus der neuen Zeit.* Nachwort von Hartmut Steinecke. Stuttgart 1953

Hoffmann, E.T.A.: *Die Elixiere des Teufels.* Herausgegeben von Wolfgang Nehring. Bibliographisch ergänzte Ausgabe. Stuttgart 2014

Hoffmann, E.T.A.: *Nachtstücke.* Herausgegeben von Hartmut Steinecke unter Mitarbeit von Gerhard Allroggen. Frankfurt am Main 2009

Goethe, Johann Wolfgang: *Berliner Ausgabe. Poetische Werke*. Berlin 1960ff.

Goethe, Johann Wolfgang: *Wilhelm Meisters Lehrjahre.* Herausgegeben von Ehrhard Bahr. Stuttgart 2008

Kerner, Justinus: *Werke. Sechs Teile in zwei Bänden.* Herausgegeben von Raimund Pissin. Berlin 1914

Mörike, Eduard: *Sämtliche Werke in zwei Bänden.* Mit einem Nachwort von Benno von Wiese sowie einer Zeittafel, einer Bibliographie und Anmerkungen von Helga Unger. München 1967

Novalis: *Heinrich von Ofterdingen.* Herausgegeben von Wolfgang Frühwald. Stuttgart 1987

Novalis: *Schriften. Die Werke Friedrich von Hardenbergs.* Herausgegeben von Richard Samuel. Stuttgart 1960–1977

Schlegel, August Wilhelm: *Kritische Schriften und Briefe.* Herausgegeben von Edgar Lohner. Stuttgart et al. 1963ff.

Schelling, Friedrich: *Texte zur Philosophie der Kunst.* Ausgewählt und eingeleitet von Werner Beierwaltes. Stuttgart 1982

Schlegel, Friedrich: „Fragmente“, in: Schlegel, Friedrich: *Kritische Schriften.* Herausgegeben von Wolfdietrich Rasch. München 1971
Kritische Friedrich-Schlegel-Ausgabe. Erste Abteilung: Kritische Neuausgabe. Herausgegeben von Ernst Behler unter Mitwirkung von Jean-Jacques Anstett und Hans Eichner. München, Paderborn, Wien, Zürich 1962ff.
Schlegel, Friedrich: *Lucinde.* Herausgegeben von Karl Konrad Polheim. Stuttgart 1999
Tieck, Ludwig: *Werke in einem Band.* München (ohne Jahr)
The Collected Poems of Lord Byron with an Introduction and Bibliography. Ware 1994
Uhland, Ludwig: *Werke.* Herausgegeben von Hans-Rüdiger Schwab. Frankfurt am Main 1983
Wackenroder, Wilhelm Heinrich: *Werke und Briefe.* Herausgegeben von Lambert Schneider. Heidelberg 1967
Wackenroder, Wilhelm Heinrich; Tieck, Ludwig: *Herzensergießungen eines kunstliebenden Klosterbruders.* Herausgegeben von Martin Bollacher. Stuttgart 2005

Sekundärliteratur

Fromm, Erich: *Die Furcht vor der Freiheit*. Frankfurt am Main 1966
Geschichte der deutschen Literatur 2. Von der Aufklärung bis zum Vormärz. Herausgegeben von Ehrhard Bahr. Zweite, vollständig überarbeitete und erweiterte Auflage. Tübingen und Basel 1998.
Kluckhohn, Paul: *Das Ideengut der deutschen Romantik*. Tübingen 1953
Korff, Hermann August: *Geist der Goethezeit. III. Teil Romantik: Frühromantik*. Leipzig 1949
Korff, Hermann August: *Geist der Goethezeit. IV. Teil: Hochromantik*. Leipzig 1953
Leibrock, Felix: *Aufklärung und Mittelalter. Bodmer, Gottsched und die mittelalterliche deutsche Literatur*. Frankfurt am Main et al. 1988
Ludwig Tieck. *Leben – Werk – Wirkung*. Herausgegeben von Claudia Stockinger und Stefan Scherer. Berlin 2011
Lüthi, Max: *Märchen*. Stuttgart 1962
Lukas, Wolfgang: „Novellistik“, in: *Zwischen Restauration und Revolution 1815—1848*. Herausgegeben von Gert Sautermeister und Ulrich Schmid. München 1998, S. 251—280
Luserke, Matthias: *Sturm und Drang. Autoren – Texte – Themen*. Stuttgart 1997
Martus, Steffen: *Die Brüder Grimm. Eine Biographie*. Hamburg 2013
Meier, Albert: *Klassik und Romantik*. Stuttgart 2008

Neumann, Peter: Jena 1800. *Die Republik der freien Geister*. München 2018
Peters, Patrick: *Männer aus dem Hain. Studien zur Männlichkeitskonstruktion in der Lyrik der Göttinger Hainbündler*. Essen 2014
Ohmer, Anja: *Ludwig Tieck. Romantische Ironie und absolute Kunst*. Essen 2011
Rölleke, Heinz: *Brüder Grimm: Kinder- und Hausmärchen. 3 Bände*. Stuttgart 1980
Rölleke, Heinz: *„Wo das Wünschen noch geholfen hat": Gesammelte Aufsätze zu d. „Kinder- u. Hausmärchen" d. Brüder Grimm*. Bonn 1984
Rölleke, Heinz: *Des Knaben Wunderhorn. Alte deutsche Lieder, gesammelt von Achim von Arnim und Clemens Brentano*. Frankfurt am Main/Leipzig 2003
Rölleke, Heinz: *Die Märchen der Brüder Grimm: Quellen und Studien. Gesammelte Aufsätze*. Trier 2004
Rölleke, Heinz: *Die Märchen der Brüder Grimm. Eine Einführung*. Stuttgart 2004
Rölleke, Heinz: *Alt wie der Wald. Reden und Aufsätze zu den Märchen der Brüder Grimm*. Trier 2006
Safranski, Rüdiger: *Romantik. Eine deutsche Affäre*. München 2007
Schmid, Christoph: *Die Mittelalterrezeption des 18. Jahrhunderts zwischen Aufklärung und Romantik*. Frankfurt am Main et al. 1979
Schnyder, Peter: „Politik und Sprache in der Frühromantik. Zu Friedrich Schlegels Rezeption der Französischen Revolution" in: *Athenäum – Jahrbuch der Friedrich Schlegel-Gesellschaft 9* (1999), S. 39—65
Schultz, Hartwig: *Joseph von Eichendorff. Biographie*. Frankfurt am Main 2007
Schulz, Gerhard: *Die deutsche Literatur zwischen Französischer Revolution und Restauration. Zweiter Teil: Das Zeitalter der napoleonischen Kriege und der Restauration 1806—1830*. München 1989
Schulz, Gerhard: *Die deutsche Literatur zwischen Französischer Revolution und Restauration. Erster Teil: Das Zeitalter der Französischen Revolution 1789—1806*. 2. neu bearbeitete Auflage. München 2000
Schulz, Gerhard: *Novalis. Leben und Werk Friedrich von Hardenbergs*. München 2011
Theorie der Romantik. Herausgegeben von Herbert Uerlings. Stuttgart 2000
Ueding, Gert: *Klassik und Romantik. Deutsche Literatur im Zeitalter der Französischen Revolution*. München 2008
Weber, Heinz-Dieter: „Transzendentalpoesie", in: *Historisches Wörterbuch der Philosophie*. Herausgegeben von Joachim Ritter, Karlfried Gründer und Gottfried Gabriel. Basel 2007

Weil, Bernd A.: *Rezeption des Minnesangs in Deutschland seit dem 15. Jahrhundert.* Frankfurt am Main 1991

Wilpert, Gero von: *Sachwörterbuch der Literatur.* 8., verbesserte und erweiterte Auflage. Stuttgart 2001

Online-Quellen

Borgstedt, Thomas: „Frühromantik ohne Protestantismus. Zur Eigenständigkeit von Clemens Brentanos ‚Godwi'-Roman", in: Goethezeitportal, http://www.goethezeitportal.de/db/wiss/brentano/godwi_borgstedt.pdf

Heimböckel, Dieter: „Ein ‚Meer von Stille' oder Von der Ungleichheit des Gleichen. Zum Wiederholungsstil in Joseph von Eichendorffs Das Marmorbild", in: Goethezeitportal, http://www.goethezeitportal.de/fileadmin/PDF/db/wiss/eichendorff/marmorbild_heimboeckel.pdf

http://www.goethezeitportal.de/wissen/projektepool/intermedialitaet/autoren/wackenroder/der-kuenstler-als-genie.html

http://www.goethezeitportal.de/wissen/projektepool/intermedialitaet/autoren/wackenroder/verbindung-von-religion-und-kunst.html

Lukas, Wolfgang: „Abschied von der Romantik. Inszenierungen des Epochenwandels bei Tieck, Eichendorff und Büchner", in: Goethezeitportal, http://www.goethezeitportal.de/fileadmin/PDF/db/wiss/epoche/lukas_epochenwandel.pdf

https://www.romantik-jena.de/de/einblick/jenaer_fruehromantik/424738

https://www.uni-due.de/lyriktheorie/texte/1803_tieck.html

https://www.uni-heidelberg.de/presse/ruca/ruca08-1/02.html

https://de.wikipedia.org/wiki/Fünfter_Koalitionskrieg

https://de.wikipedia.org/wiki/Grimms_Märchen#Textbestand_und_Charakteristika

https://de.wikipedia.org/wiki/Romantik

Weiers, Karl Heinz: „Clemens Brentano: Lureley", S. 5f., in: http://www.niess.info/buch/pdf/02%20-%20Brentano/brentano_lureley_handschriftliche_fassung_und_druckfassung.pdf

https://www.zeit.de/zeit-geschichte/2012/04/Maerchen-Brueder-Grimm-Urspruenge/komplettansicht

Der Titel dieser Untersuchung „Bildung im Schatten?“ verweist auf den im englischsprachigen Forschungsbereich etablierten Ausdruck *Shadow Education*, mit dem außerschulische private Lernangebote bezeichnet werden. Nachhilfe im Allgemeinen lässt sich nun in verschiedener Hinsicht mit dem Aspekt des Schattens in Verbindung bringen. Die Sichtbarkeit von Nachhilfe in der bildungswissenschaftlichen und -soziologischen Forschung ist in den letzten Jahren zwar größer geworden, kann aber immer noch als eher gering und methodisch wenig differenziert angesehen werden. Gefragt wird in solchen Untersuchungen meist mehr nach der Wirkung bzw. den Kosten von Nachhilfe oder aus einer Eltern-Schüler-Schule-Perspektive. Die Anbieter von Nachhilfe, hier die Nachhilfeinstitute als eigenständige Akteure, kommen selbst kaum in den Blick ebenso wie digitale Lernplattformen.

Die vorliegende Untersuchung versucht nun in zweierlei Hinsicht einen anderen Weg zu gehen. Zum einen wendet sie sich im Rahmen einer qualitativen Untersuchung dem Feld der Nachhilfeinstitute und digitalen Lernplattformen zu. Zum anderen folgt sie einer wissens- und nicht bildungssoziologischen Agenda. Ein solcher Zugang weitet seinen Blick sodann für Fragen nach schulischen Beratungsleistungen durch Nachhilfeinstitute, dem *doing* und *displaying education*, der Entlastungsfunktionen für Familien oder der Evaluation von Schule durch Nachhilfe.

412 Seiten, 29,90 Euro, ISBN 978-3-939556-75-6